"그러므로 너희는 가서 모든 족속으로 제자를 삼아
아버지와 아들과 성령의 이름으로 세례를 주고
내가 너희에게 분부한 모든 것을 가르쳐 지키게 하라
볼지어다 내가 세상 끝날까지
너희와 항상 함께 있으리라 하시니라."

마태복음 28:19-20

"오직 성령이 너희에게 임하시면
너희가 권능을 받고
예루살렘과 온 유대와 사마리아와 땅끝까지 이르러
내 증인이 되리라 하시니라."

사도행전 1:8

THE MASTER PLAN OF EVANGELISM
주님의 전도 계획

로버트 콜먼 저
홍성철 역

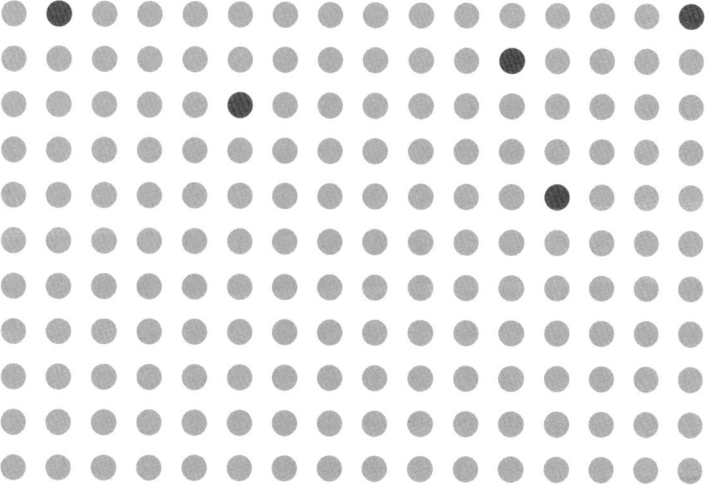

생명의말씀사

THE MASTER PLAN OF EVANGELISM
by Robert E. Coleman

Copyright ⓒ 1963, 1964, 1993, 2007 by Robert E. Coleman
Originally published in English under the title
THE MASTER PLAN OF EVANGELISM by Baker Books,
a division of Baker Book House Company,
Grand Rapids, Michigan 49516, U.S.A.
All rights reserved.

Korean Edition published by Word of Life Press, Seoul, 1980, 1993, 2007.
Translated and published by permission.
Printed in Korea.

주님의 전도 계획

ⓒ 생명의말씀사 1980, 1993, 2007

1980년 5월 25일 1판 1쇄 발행
1992년 3월 30일   13쇄 발행
1993년 1월 30일 2판 1쇄 발행
2007년 1월 30일   34쇄 발행
2007년 11월 20일 3판 1쇄 발행
2025년 9월 15일   28쇄 발행

펴낸이 | 김창영
펴낸곳 | 생명의말씀사

등록 | 1962. 1. 10. No.300-1962-1
주소 | 서울시 종로구 경희궁1길 6 (03176)
전화 | 02)738-6555(본사) · 02)3159-7979(영업)
팩스 | 02)739-3824(본사) · 080-022-8585(영업)

기획편집 | 김정옥, 김정주
디자인 | 윤보람
인쇄 | 예원프린팅
제본 | 다온바인텍

ISBN 978-89-04-10089-7 (03230)

저작권자의 허락 없이 이 책의 일부 또는 전체를
무단 복제, 전재, 발췌하면 저작권법에 의해 처벌을 받습니다.

주님의 전도 계획은 복음서의 기록을 샅샅이 조사하여 그리스도의 사역 목적과 그것의 달성을 위해 주님이 세우신 전략을 밝혀 준다. 저자 로버트 콜먼 박사는 그리스도의 행동을 일관성 있게 했던 기본 원리에 초점을 맞춘다. 주님의 방식을 본받으면, 하나님께서 여러분에게 데려다 주신 사람의 구체적 필요에 맞게 사역할 준비를 갖추게 될 것이다.

이 개정판에는 로이 피시 박사가 쓴 스터디 가이드가 들어 있는데, 이 가이드는 그리스도의 전도 원리를 적용하기 위해 준비된 13개 과가 있다. 『주님의 전도 계획』의 도움을 받는다면, 여러분은 자기의 행동 과정이 대위임 명령을 위한 하나님의 총체적 계획에 잘 들어맞는다는 것을 확신할 수 있을 것이다. 예수 그리스도를 따르고 그를 증거하려는 그리스도인이라면 이 중요하고 적절한 책을 반드시 읽어야 할 것이다.

위대한 통찰은 대부분 단순하다. 『주님의 전도 계획』이 그런 통찰들을 담고 있다. 이 책에서 로버트 콜먼은 예수님이 소중한 사람들에게 접근하는 방법을 설명하면서 우리도 그렇게 하도록 초청한다.

_리처드 포스터 『영적 훈련과 성장』 저자

라틴아메리카에서 선교사-전도자로 섬기던 중 우연히 『주님의 전도 계획』을 접하게 되었다. 그리고 스페인어판이 나올 때는 거의 25개국에 있는 수천만의 히스패닉계 그리스도인들을 위해 추천사를 쓰는 영광을 누렸다. 결국 나는 수천 명의 기독교 지도자들의 대열에 합류하여 이 책을 추천하고, 사용하고, 주님께서 직접 세우신 이 마스터 플랜의 열매를 보게 되었다.

_루이스 팔라우, 루이스 팔라우 전도협회 회장

추천의 글 1

빌리 그레이엄 │

로버트 콜먼이 쓴 주님의 전도 계획_The Master Plan of Evangelism_만큼 우리 세대의 세계 복음화에 큰 영향을 끼친 책은 없을 것이다. 이 고전적 연구서는 오랫동안 수많은 사람에게 도전과 가르침을 주어 그리스도를 세상에 전파하게 했다. 이런 책이 꾸준히 출판되어 기쁘다.

이 책이 이같이 큰 영향을 끼치는 비결을 쉽게 알 수는 없다. 콜먼 박사는 대중적인 유행이나 최신 판매 기법을 따르지 않고 대신 성경으로 돌아가 '주님의 전도 전략은 무엇이었는가?'라는 중요한 질문을 했다. 그렇게 함으로 그는 단순하면서 변함이 없는(그러면서도 심오한) 성경의 원리를 우리에게 제시해 주었다. 이 원리는 모든 진실한 복음 전도의 바탕이 되어야 하는 것이다.

이런 이유 때문에 이 책의 질은 시간을 초월하며, 따라서 이제까지 수많은 사람을 설득시켜 온 것처럼 앞으로도 전도에 대한 주님의 심장 박동을 느껴 본 새로운 세대들에게도 발견되어야 한다.

우리 각 사람이 자기 백성을 향한 하나님의 우선 순위 – 혼돈에 빠져 죽어가는 세상을 예수 그리스도를 통한 하나님의 용서와 화평과 소망의 기쁜 소식을 가지고 사랑으로 찾아가는 일의 우선 순위 – 에 눈을 돌리도록 하는 데 이 책이 계속 쓰임받기 바란다.

추천의 글 2

폴 S. 리스 |

"철학자들은 세상을 다르게 해석했을 따름이다. 그렇지만 핵심은 세상을 변화시킨다는 것이다." 칼 마르크스는 이렇게 썼다.

기독교 복음과 공산주의는 근본적 전제에서 전혀 다를지 모르지만 이 점에서는 일치한다. 그러나 일치점은 더 이상 나아가지 않는다. 다른 점은, 교회는 세상의 변화는 사람이 변화한 결과라고 선포한다는 것이다. 사려 깊은 사람은 새로운 철학을 만들어 낸다. 그러나 진정으로 새로운 사회를 만드는 실마리를 제공하는 것은 거듭난 사람뿐이다.

이 확신은 전도를 어떤 이론이나 슬로건보다 훨씬 더 위대하게 만드는 "하나님께서 그리스도 안에 계시사 세상을 자기와 화목하게 하시고"라는 기쁜 소식에 근거한다. 이런 확신은 필연적으로 이 명제에 초점을 맞추게 한다.

그러나 이 시점에서 이런 의문이 제기된다. "우리는 복음을 가지고 어떻게 나아갈 것인가? 즉 어떻게 하면 복음을 지속성과 전염성과 불가항력성이 있도록 전파하여 갈수록 많은 사람이 그리스도를 구주로 의지하는 일이 이루어지게 할 수 있을까?"

로버트 콜먼은 일단의 원리들을 제시하고 전략을 설명한다. 그것은 주의 깊게 공부하면 전도의 개념을 "특별한 것"과 "행사용"으로 아는 데서 탈피하여 그리스도인들의 필수적이고 지속적인 삶으로 받아들이게 된다.

그렇다고 책의 내용이 하나님의 성령께서 무디나 빌리 선데이, 빌리 그레이엄 같은 전도 전문가들을 통해 이루셨고 또 이루시고 계시는 일을 과소평가하는 것은 아니다. 한편으로 소그룹을 통해 일하고 전교인을 증인으로 세우는 제자훈련을 요청하는 내용도 많이 있다. 이것들은 모두 우리가 증거하는 복음과 복음이 우리로 살 수 있게 해주는 삶 사이의 관계를 드러내도록 감안한 것이다.

저자의 작품은 주님과 제자들에게서 보는 패턴이 그랬던 것처럼 성경이 푹 스며들어 있다. 그의 문장은 꾸밈이 없다. 명확하고 직설적이다. 그것은 이 주제에 대해 오랫동안 생각해 온 지성의 투명한 성실성을 충실하게 반영해 주는 것이다.

오늘 아침 나는 한 라디오 강사가 관찰한 바로는, 많은 경우 우리는 말에서 사물로든 아니면 사물에서 말로든 두 방향 중 하나로 움직이는 경향이 있다고 말하는 것을 들었다. 그 말은 우리가 이론과 이상에서 구체적 상황으로 움직이지 않으면, 구체적 상황이 모호한 말들 아래 사라지고 말 것을 의미한다.

이 진지한 글이 후자의 위험으로부터 우리를 구해 줄 수 있으리라 믿기에 기쁜 마음으로 추천하는 바이다.

역자의 글

| 홍성철 |

누구나 한 인생을 준비하며 또 살아가는 동안 그에게 선의의 영향을 주는 사람이 있다. 그리스도인에게도 마찬가지다. 그리스도를 인격적으로 만나 헌신하며 사역하기까지 많은 사람으로부터 간접적으로, 직접적으로 영향을 받고 또한 주며 살아가야 하기 때문이다.

로버트 콜먼 박사는 역자의 신앙 여정에 가장 큰 영향을 준 사람들 가운데 한 사람이다. 애스베리신학교Asbury Theological Seminary에서 공부하는 동안 이 사람을 멀리 또는 가까이 대하면서 서서히 인생과 사역의 방향이 결정되기도 했다.

특히 콜먼 박사의 주님의 전도 계획은 그의 "삶" 자체를 그린 저서이다. 밤낮으로 전도와 전도자 훈련을 위해 생각하고 실천하는 저자의 모습은, 어떠한 대가를 치르고서라도 그리스도의 지상 명령을 따르려는 역자에게 이 저서의 호소력을 증가시켰다.

1963년 초판이 나온 이후 수없이 많은 "그리스도의 일꾼"의 사역관과 목회관을 바꾼-그 결과 무수한 그리스도인이 훈련된-그 결과는 하나님만이 아실 것이다.

어느 날 오후, 역자는 이 저서로 놀랍게 변화된 사람들의 몇 편의 간증문을 읽으면서 뜨거운 눈물을 흘리기도 했다.

이 저서를 번역하면서 너무나 여러 번 역부족을 느꼈다. 그럴 적마다 "……가서 모든 족속으로 제자를 삼으라……"는 주님의 음성에 순종하며, 또 저자의 사랑의 격려를 상기하면서, 한국 성도들에게 줄 빛을 기대하면서 마음에 채찍을 가했다.

로이 피시의 스터디 가이드의 추가로 수정과 번역에 일익을 담당해 준 오화선 씨에게 지면을 빌려 심심한 감사를 드린다.

끝으로 이 번역을 허락해 준 콜먼 박사에게 감사하며, 이 역서를 끈기 있게 읽어 준 독자에게도 감사드린다.

THE MASTER PLAN OF EVANGELISM

CONTENTS

- 추천의 글 1 _ 7
- 추천의 글 2 _ 8
- 역자의 글 _ 10

- **서론 : 주님과 주님의 계획 _ 15**

  제1장 선택 _ 27

  제2장 동거 _ 45

  제3장 성별 _ 58

  제4장 분여 _ 70

  제5장 시범 _ 82

  제6장 위임 _ 91

  제7장 감독 _ 104

  제8장 재생산 _ 112

- **결론 : 주님과 당신의 계획 _ 125**
- 스터디 가이드 _ 139
- 참고 문헌 _ 200

주님과 주님의 계획

THE MASTER PLAN OF EVANGELISM 서론

내가 곧 길이요 _ 요한복음 14:6

전도 방법의 문제

목적과 적절성, 이 둘은 우리가 하는 일에서 따져 봐야 할 결정적 문제이다. 둘은 서로 관련이 있으며, 이 둘이 어느 정도까지 공존할 수 있느냐에 따라 우리가 하는 모든 활동의 의의가 크게 달라질 것이다. 단지 무슨 일을 하는 데 바쁘다거나 능숙하다고 해서 무언가 이루어 내고 있다고 말할 수는 없다. 언제나 이런 질문을 해보아야 한다. 그것은 가치 있는 일인가? 또 그 일을 해서 과업을 달성하고 있는가?

이것은 교회의 전도 활동에 대해서도 끊임없이 던져야 할 질문이다. 우리의 노력은 그리스도의 지상 명령을 성취하고 있는가? 우리의 사역이 복음을 들고 세상에 나가는 헌신된 사람들의 수를 늘리고 있는가? 우리가 교회에서 전도 프로그램을 하나 둘 추진하느라고 바쁘다는 것은 부인할

수 없는 사실이다. 그러나 과연 우리는 목적을 달성하고 있는가?

기능이 형식보다 앞선다

여기서 관심을 끄는 것은 장기적 목표를 염두에 두고 하루하루 치밀한 운동 전략을 세워야 할 필요성이다. 어떤 행동이 우리 영혼에 궁극적 목적 의식을 불러일으키려면, 그것이 하나님께서 우리의 일생을 위해 가지고 계신 전체 계획에 어떻게 들어맞는지 알아야 한다.

이것은 복음을 전파하기 위해 채용하는 어떤 특정한 과정이나 기법에서도 마찬가지다. 마치 건물을 설계도에 따라 짓듯이, 우리가 하는 일은 무엇이든 목적이 있어야 한다. 그렇지 않으면 우리의 활동은 무목적과 혼란 속에서 길을 잃고 말 것이다.

원리의 연구

이 연구를 시도한 것도 이런 이유 때문이다. 이것은 우리의 활동도 비슷한 형식을 따라갔으면 하는 바람 가운데 주님의 활동들을 좌우했던 지배적 원리들을 찾으려는 노력이다. 그런 만큼 이 책에서는 예수께서 개인 전도나 대중 전도에서 사용하신 세세한 방법들을 분석하려 하지 않는다.[1]

---

1) 예수님의 전도 메시지와 방법론의 다양한 측면을 다룬 책들이 많다. 유익한 통찰을 많이 주는 책들을 꼽는다면 Raymond Calkins, *How Jesus Dealt With Man*(Nashville : Abingdon-Cokesbury Press, 1942) ; Allan Knight Chalmers, *As He Passed By*(New York : The Abingdon Press, 1939) ; Ozora Davis, *Meeting the Master*(New York : Association Press, 1917) ; F. V. McFatridge, *The Personal Evangelism of Jesus*(Grand Rapids : Zondervan, 1939) ; G. Campbell

오히려 주님의 사역을 떠받치고 있는 원리들, 주님이 사용한 방법들을 결정했던 원리들을 연구하려는 것이다. 주님이 지상에 사시는 동안 삶의 중심을 이루었던 전도 전략에 대한 연구라고 불러도 좋을 것이다.

더 많은 연구의 필요성

놀랍게도 이런 관점에서 출판된 책은 거의 없었다. 물론 전도 방법론을 다룬 대부분의 책은 이 점에 관하여 스쳐 지나가듯 얘기는 한다. 그리스도의 생애와 사역을 다룬 일반적인 역사는 물론이고,[2] 예수님이 가르치신

Morgan, *The Great Physician*(New York : Fleming H. Revell Co., 1937<위대한 의사 예수 그리스도를 만난 사람들-본사 역간>) ; L. R. Scarborough, *How Jesus Won Men*(New York : George H. Doran Co., 1926) ; John Calhoun Sligh, *Christ's Way of Winning Souls*(Nashville : Publishing House of the M. E. Church, South, 1909) ; John Smith, *The Magnetism of Christ*(London : Hodder and Stoughton, 1904) ; Mack Stokes, *The Evangelism of Jesus*(Nashville : Methodist Evangelistic Materials, 1960) ; Earnest Clyde Wareing, *The Evangelism of Jesus*(New York : The Abingdon Press, 1918) ; Faris D. Whitesell, *Basic New Testament Evangelism*(Grand Rapids : Zondervan, 1949) 등이 있다. 특별하게 예수님의 전도 방법을 다루는 이 책들 말고도, 한두 장(章)에서 이 문제에 각별한 관심을 기울이는 책들은 더 많은데 몇을 꼽으면 R. W. Cooper, *Modern Evangelism*(New York : Fleming H. Revell, 1929), 2장 ; Charles G. Trumbull, *Taking Men Alive*(New York : Fleming H. Revell, 1927), 4장 ; S. A. Whitmer, *Galilean Fisherman*(Berne, Indiana : Life And Hope Publications, 1940), 10장 등이 있다. 그러나 정도는 다르다 하더라도 그리스도의 생애나 가르침을 다루는 책에는 으레 주님의 전도 방법에 대한 언급이 있기 마련이며, 더 두꺼운 책들 중에는 어디서나 찾을 수 있는 개별적 사례들에 대한 거의 완벽한 논의를 담은 것들이 많다.

2) 예컨대, 예수님의 전략과 관련이 있는 유용한 정보는 유명한 다음의 저서들을 보면 찾을 수 있을 것이다. Samuel J. Andrews, *The Life of Our Lord*, reprint of 1891 ed.(Grand Rapids : Zondervan, 1954), pp. 121-122 ; J. P. Lange, *The Life of the Lord Jesus Christ*, 4 vols., reprint(Grand Rapids : Zondervan, 1958), 1권, pp. 393-410 ; 2권, pp. 182-197 ; Alfred Edersheim, *The Life and Times of Jesus the Messiah*, 2 vols.(New York : E. R. Herrick & Co., 1886), 1권, pp. 472-477 ; David Smith, *The Days of His Flesh*(London : Hodder & Stoughton, 1905), pp. 157-167 ; A. T. Robertson, *Epochs in the Life of Jesus*(New York : Charles Scribner's Sons, 1921), pp. 98-119.

방법에 관한 연구에 대해서도 같은 말을 할 수 있을 것이다.[3]

아마 지금까지 주님이 세우신 더 광범위한 전도 계획에 대한 가장 세심한 연구는 제자들의 훈련과 관련해 이루어졌다고 해야 할 것인데, 그중 브루스의 열두 제자 훈련이 가장 훌륭하다.[4] 주님 앞에서 성장한 제자들에 관한 이 해설서는 1871년에 처음 출판되었고 1899년에 개정되었는데, 이 주제에 대한 풍부한 통찰 때문에 아직도 이를 능가할 책이 없다.

또 1890년에 헨리 레덤이 쓴 책이 있는데, 이해가 잘 안 되게 분석한 점이 있긴 하지만 예수께서 사람을 훈련하시는 방법에 각별한 주의를 기울인 책이다.[5] 일찍이 이러한 연구들이 나온 이후에 이 주제를 추구하는 데 좋은 자극을 주는 얇은 책들이 많이 나왔다.[6] 이 작품들이 모두 동일한 복음주의 신학의 관점을 가진 것은 아니지만, 재미있는 것은 예수께서 제자들과 하신 일의 중심적 취지를 평가하는 곳에 이르면 대체로 동일한 입장에 이르게 된다는 점이다.

---

3) 관련이 깊은 책 몇 권과 해당 페이지를 들면 다음과 같다. Walter Albeon Squires, *The Pedagogy of Jesus*(Philadelphia : Westminster, 1927), pp. 67-168 ; Norman E. Richardson, *The Christ of the Class Room*(New York : Macmillan, 1931), pp. 121-182 ; J. M. Price, *Jesus the Teacher*(Nashville : Convention Press, 1954), pp. 31-60.
4) A. B. Bruce, *The Training of the Twelve*, 3rd ed.(New York : Richard R. Smith, Inc., 1930<열두 제자 훈련—본사 역간>).
5) Henry Latham, *Pastor Pastorum*(Cambridge : Deighton Bell and Co., 1910).
6) 이러한 저작들은 주제에 기여하는 정도가 매우 다양하고 또 해석에 따라 달라지기 때문에 그 서명들을 나열하는 것이 주저되지만, 적어도 필자의 주의를 끈 다음 책들은 언급해야겠다. Edwin A. Schell, *Traits of the Twelve*(Cincinnati : Jennings and Graham, 1911) ; Carl A. Glover, *With the Twelve*(Nashville : Cokesbury Press, 1939) ; F. Noel Palmer, *Christ's Way With People*(London : Marshall, Morgon & Scott, Ltd., 1943) ; T. Ralph Morton, *The Twelve Together*(Glasgow : The Iona Community, 1956). 그 밖에 몇 책에서 이 주제를 다루는 장들을 뽑아 실었다 : Alexander C. Purdy, *Jesus' Way With People*(New York : The Womans Press, 1926), pp. 101-115 ; Alexander Rattray Hay, *The New Testament Order for Church and Missionary*(Audubon, N. J. : New Testament Missionary Union, 1947), pp. 36-43.

이것은 교회 생활과 사역의 다양한 측면을 다룬, 최근에 출판된 수많은 실천적 책에서도 마찬가지이다. 특히 교회 안에서 성장하는 소집단과 평신도 전도 운동에 관련된 문헌에서 가장 두드러지는데, 그 저자들이 일차적으로 전도 전략의 입장에서 쓴 것은 아니라는 점을 알아야 한다. 그러나 그들이 주님의 사역과 사명 수행에서 근본 원리들을 밝혀 낸 점에 대해서는 우리가 그들에게 덕을 보았다는 것을 인정해야 한다.

그렇지만 예수님의 기본 전략이라는 주제는 정당한 관심을 거의 얻지 못했다. 이 주제에 대해 생각했던 사람들의 수고에 감사하며 그들이 발견한 내용에 무관심해서는 안 되겠지만, 더 많은 탐구와 명료화의 필요성에서 벗어날 수는 없으며, 일차적 자료의 테두리 안에서 이루어지는 연구에서는 특히 그렇다.

우리의 연구 계획

예수님의 계획을 살펴보려면, 신약성경 특히 복음서로 가야 한다. 복음서들은 주님의 일하셨던 모습을 전해 주는 것으로서, 우리가 입수할 수 있는 유일한 목격담이다눅 1:2-3 ; 요 20:30, 21:24 ; 요일 1:1. 분명히 복음서들은 하나님의 아들 그리스도를 보여주고, 우리가 믿음으로 주님의 이름 안에서 생명을 얻을 수 있다는 것을 가르치기 위해 기록되었다요 20:31.

그러나 우리는 종종 그리스도 안에 있는 그 생명의 계시가 주님 자신이 사셨고 다른 사람들에게 그렇게 살도록 가르치신 생활 방식을 포함한다는 점을 알아차리지 못한다. 우리는 그 책들을 쓴 증인들이 진리를 보았을 뿐 아니라 그 진리로 변화되었다는 것을 기억해야 한다. 그런 이유로 그들은 한결같이 그 이야기 속에서, 그들과 다른 사람들이 주님을 따르기 위해 이미 갖고 있던 모든 것을 버리도록 영향을 미쳤던 일들을 뚜렷이 보여준다.

물론 모든 것이 기록되지는 않았다. 뭇 역사가들처럼 복음서 기자들은 사건의 전개에서 중요한 점들을 뚜렷이 부각시키는 한편, 소수의 특징적인 인물들과 경험들을 계획적으로 묘사함으로써 전체적인 그림을 그린다. 그러나 우리는 성령의 영감 아래 주의 깊게 선택하고 완전무결하게 기록한 일들에 대해, 그것들이 우리에게 주님의 길을 벗어나지 않고 따라가는 방법을 가르치는 데 목적이 있다는 것을 확신한다. 예수님에 관한 성경 기록이 우리에게 가장 좋은, 유일하게 오류가 없는 전도 교과서가 되는 이유가 바로 여기에 있다.

따라서 이 연구 계획은 이차적 자료에 부당하게 의지하지 않고 복음서에 묘사된 그리스도의 발자취를 더듬어 가는 것이었다. 이 일을 밀고 나가는 중에, 주님의 생애와 사역에 대한 영감된 기록인 성경을 다양한 각도에서 여러 차례 읽었다. 그것은 주께서 사명을 수행하신 방법에 동기를 부여했던 이유를 찾아낼 목적에서였다.

주님의 전략은 주님의 사역을 한 덩어리로 보는 입장에서 분석하였는데, 그렇게 한 것은 그가 사람들을 다루신 방법의 더 넓은 의미를 보고자 한 것이다. 두말할 필요도 없이 이 일은 쉬운 것이 아니었으며, 그러기에 나는 누구보다도 먼저 아직 배울 것이 더 많은 것을 인정하고자 한다. 영광스러운 주님의 무한한 차원은 그 완전성에 대한 인간의 어떠한 해석 안에 갇힐 수 없으며, 따라서 그를 더 오래 바라보면 볼수록 과연 그러하다는 것을 더 많이 깨닫게 되는 것이다.

완전한 모본이신 그리스도

비록 그 사실은 인정하지만, 그럼에도 불구하고 이보다 더 보람 있는 연구는 없다. 아무리 우리의 능력이 제한되어 있다 하더라도 주님이야말로 완전한 스승이시라는 것을 알고 있다. 주님은 모든 점에서 시험을 받으셨지만 우리를 위해 받아들이신 육체의 한계에 매이지 않으셨다. 심지어 주께서 신적 전지성全知性을 행사하지 않으실 때에도 주님의 마음은 명료했다. 주님은 항상 무엇이 옳은가를 아셨으며, 완전한 인간으로서 하나님이 인간들 가운데서 사시는 것처럼 사셨다.

주님의 목적은 분명했다

주님이 육신을 입고 지내신 날들은 태초부터 있었던 하나님의 계획이 때가 되어 펼쳐진 것뿐이었다. 그 계획은 언제나 주님의 마음을 떠나지 않았다. 주님의 뜻은 자기를 위해 한 민족을 세상에서 구원하여 결코 멸망하지 않을 성령의 교회를 세우시는 것이었다. 주님은 자기의 나라가 영광과 능력 가운데 임할 그날을 바라보셨다. 이 세상은 주님이 창조하셨으므로 주님의 것이었지만, 주님은 이 세상을 영원한 거처로 삼으려 하지 않으셨다. 주님의 집은 하늘에 있었다. 주님은 자기 백성을 위해 하늘에 영원한 터가 있는 한 처소를 준비하실 참이었다.

주님의 은혜로운 목적에서 제외된 사람은 아무도 없었다. 주님의 사랑은 보편적이었다. 이에 대해 결코 오해하지 말라. 주님은 "세상의 구주"였다요 4:42. 하나님은 모든 사람이 구원받아 진리를 알게 되기 원하셨다. 그런 목적으로 예수님은 모든 사람에게 죄로부터의 구원을 베풀기 위해 자신을 주셨다. 주께서 사람을 위해 죽으셨다는 것은 모든 사람을 위하여 죽으신 것을 의미한다. 우리의 피상적인 생각과는 반대로 국내와 해외 선교의 구별은 없었다. 예수님에게는 그 모두가 세계 전도였다.

주님은 승리할 계획을 세우셨다

주님의 생애는 자신의 목적에 따라 결정되었다. 주님의 모든 언행은 전체 모범의 일부분이었다. 그것들은 하나님을 위하여 세상을 구속하려는 주님의 생애의 궁극적 목적에 기여했다는 점에서 의미가 있었다. 이러한 목적 의식은 주님의 행위에 동기를 부여하는 비전이었다. 주님의 발걸음은 이것에 의해 결정되었다. 그것을 잘 주시하라. 한 순간도 예수님은 자신의 목표를 놓치지 않으셨다.

예수께서 자신의 목적을 달성하기 위해 밀고 나가신 방법을 관찰하는 것이 중요한 이유가 바로 여기에 있다. 주님은 하나님의 세계 정복 전략을 공개하셨다. 그는 현재에 그 계획에 따라 사셨기 때문에 미래에 대한 확신이 있으셨다. 주님은 무작정 사시는 법이 없으셨다 ― 에너지를 낭비하지도, 단 한마디의 한가로운 말도 하지 않으셨다. 주님은 하나님을 위해 바쁘게 사셨다눅 2:49. 계획에 따라 살고 죽고 다시 살아나셨다. 마치 전투 계획을 세우는 장군처럼 하나님의 아들은 승리할 계산을 하셨다. 주님은 모험할 여유가 없었다. 인간이 살면서 부딪힐 수 있는 선택적이고 변화무쌍한 모든 요인을 저울질하면서 실패하지 않을 계획을 생각해 내셨다.

곰곰이 생각할 가치가 있다

이것을 연구하면 엄청난 것들이 밝혀질 것이다. 이 점을 진지하게 생각함으로 그리스도의 생도生徒는 심오하고 어쩌면 충격적인 결론에 이르게 될 것이다. 비록 그 깨달음이 느리고 힘들겠지만 말이다. 얼른 보기에 예수님은 아무 계획이 없으셨던 것처럼 보일지도 모른다. 다른 방식으로 접근하면 몇몇 특정한 기교들은 발견할지 모르나 그 모든 것의 기초가 되는 패턴은 놓칠 수도 있다. 이것이 주님의 전략이 지닌 경이로움 중의 하나이다.

그것은 겉으로 나타나지 않고 너무도 조용해 서두르는 교인들의 눈에는 띠지 않는다. 그러나 주님의 일하신 방법에 대한 깨달음이 제자의 열린 마음에 비쳐 오기 시작하면, 그 사람은 그 단순성에 놀랄 것이며 어찌하여 전에는 그것을 보지 못했던가 하고 의아해 할 것이다. 그렇지만 주님의 계획을 곰곰이 생각해 보면, 그 기본 철학이 현대 교회의 철학과 너무 달라서 거기에 담긴 의미는 참으로 혁명적이라 아니할 수 없다.

이제부터 주님의 계획의 여덟 가지 원리를 명료하게 밝히려고 한다. 그러나 각 단계들이 반드시 이 순서대로 되어야 한다고 생각해서는 안 된다는 점을 말해야겠다. 마치 마지막 단계는 다른 단계들을 마친 뒤라야 시작할 수 있는 것처럼 생각해서는 안 된다는 것이다. 사실상 모든 단계는 각 단계 안에 들어 있으며, 어느 정도까지는 모든 단계가 첫 단계와 함께 시작되었다.

이 골격은 단지 주님의 방법에 체계를 부여하고 그 계획의 점진적 논리를 드러내 보이려고 짜맞춘 것뿐이다. 예수 그리스도의 사역이 진행됨에 따라, 그 단계들이 더 분명해지고 순서가 더 뚜렷해지는 것을 보게 될 것이다.

THE MASTER PLAN OF EVANGELISM
주님의 전도 계획

선택
Selection

THE MASTER PLAN OF EVANGELISM 제 1 장

그 중에서 열둘을 택하여 _ 누가복음 6:13

주님의 방법은 사람이었다

모든 일은 예수께서 자기를 따르도록 몇 사람을 부르심으로 시작되었다. 이것은 즉각 주님의 전도 전략의 방향을 보여주었다. 주님의 관심은 대중에게 도달하기 위한 프로그램에 있었던 게 아니라, 전도 행사를 마련하거나 심지어 사람들에게 설교하기도 전에 이러한 사람들을 모으기 시작했다. 사람들이야말로 세상을 하나님께로 인도하는 방법이었다.

예수님의 계획의 우선적 목표는, 자기가 아버지께로 돌아가신 후에 자신의 생애를 증거하고 사역을 계속할 사람들을 모집하는 일이었다. 요한과 안드레는 예수께서 요단강 건너편 베다니에서 세례 요한의 대부흥 현장을 떠나실 때 부름받은 첫 번째 사람들이었다요 1:35-40. 그 후 안드레는 그의 형제 베드로를 데리고 왔다요 1:41-42. 그 다음날 예수님은 갈릴리로

가시는 길에 빌립을 만났으며, 또한 빌립은 나다나엘을 찾아냈다 1:43-51. 이러한 제자들을 선택하실 때 서두르셨다는 증거는 없다. 결심이 있었을 뿐이었다.

요한의 형제 야고보는 몇 달 후에 예수께서 갈릴리 해변에서 네 사람의 어부를 다시 부르신 후에야 그 일원으로 언급되어 있다막 1:19 ; 마 4:21. 그 후 얼마 안 되어 마태는 예수께서 가버나움을 지나가실 때 좇으라는 명령을 받았다막 2:13-14 ; 마 9:9 ; 눅 5:27-28. 다른 제자들의 부르심을 둘러싼 상세한 이야기는 복음서에 기록되지 않았지만 모두 주님의 사역의 첫해에 일어난 것으로 믿어지고 있다.[1)]

예상할 수 있는 바와 같이, 영혼을 구하는 이러한 초기의 노력은 그 당시의 종교 생활에 즉각적인 영향을 거의 또는 전혀 미치지 못했지만 그것은 크게 문제가 되지 않았다. 왜냐하면 그 후 드러난 바와 같이, 이러한 몇 명의 초기 개심자들이 복음을 가지고 온 세상에 나갈 주님의 교회의 지도자들이 될 것이었기 때문이며, 주님의 궁극적 목적이라는 입장에서 볼 때 그들의 생애의 의의는 영원히 빛날 것이기 때문이었다. 중요한 것은 오직 그것뿐이었다.

---

1) 사도행전 1:21-22에서 언급된 사도의 자격 요건 한 가지는 "요한의 세례로부터 우리 가운데서 올리워 가신 날까지" 예수님과 함께 있었어야 하는 것이다. 여기서는 요한의 세례 사역의 어느 시점부터 계산해야 되는지는 말하지 않았지만(처음부터 또는 주님 자신의 세례부터가 아닌 것은 확실하다), 모든 사도와 예수님의 초기 결합을 가리키는 것으로서, 아마 세례 요한이 투옥당했을 때부터일 것이다. Samuel J. Andrews, *op. cit.*, p. 268을 보라. 참조, Alfred Edersheim, *op. cit.*, 1권, p. 521.
2) 많은 작가가 열두 사도를 묘사하려고 펜을 들었다. 앞의 각주에서 이미 언급된 저서들 이외에 사도 모두를 다룬 책들 가운데 다음이 널리 읽히고 있다. George Matheson, *The Representative Men of the New Testament*(New York : Eaton & Mains, 1905) ; Edward Augustus George, *The*

기꺼이 배우려는 사람들

이 사람들에게서 더욱 뜻깊은 점은, 처음에는 그들이 중심 인물이 될 것 같은 인상을 받을 수 없었다는 것이다. 그들 중 누구도 회당에서 탁월한 지위에 있지 않았으며, 누구도 레위 족속의 제사장직에 속하지 않았다. 대부분은 평범한 노동자들이었으며, 직업에 필요한 기본 지식 외에는 아무런 전문적 훈련도 받지 않았던 것 같다. 소수만이 세베대의 아들들처럼 부유한 가정 출신이었을 뿐 아무도 부자로는 볼 수 없었다. 그들은 당시의 문예나 철학 분야의 학위를 가지고 있지 않았다. 그들의 스승처럼 공식 교육이라야 회당학교에서 받은 것뿐이었다. 그들 대부분은 갈릴리 주변의 가난한 어촌 지역에서 자라났다. 분명한 것은 열둘 중에 좀더 세련된 유대 지역 출신은 단 한 사람 가룟 유다뿐이었다. 그때건 지금이건 세련된 문화의 표준에서 보면 그들은 분명히 아주 초라한 인간 집단으로 보일 것이다.

예수께서 어떻게 그런 자들을 사용하셨는지 모르겠다는 생각도 들 것이다. 그들은 충동적이고 조급하며 쉽게 감정이 상하는 사람들이었으며, 환경에서 오는 갖가지 편견들을 가지고 있었다. 한마디로 주께서 조력자들로 선택하신 이 사람들은 당시 사회의 평범한 계층을 대변하는 사람들이었다.[2] 세상을 그리스도께로 인도할 수 있으리라고 기대할 만한 그런

Twelve(New York : Fleming H. Revell, 1916) ; W. Mackintosh Mackay, *The Men Whom Jesus Made*(New York : George H. Doran Co., 1924) ; J. W. G. Ward, *The Master and the Twelve*(New York : George H. Doran Co., 1924) ; Charles R. Brown, *The Twelve*(New York : Harper, 1926) ; Francis Witherspoon, *The Glorious Company*(New York : Harcourt, Brace and Co., 1928) ; Asbury Smith, *The Twelve Christ Chose*(New York : Harper, 1958) ; William Barclay, *The Master's Men*(London : SCM Press, 1959) ; William Sanford LaSor, *Great Personalities of the New Testament*(Westwood, N.J. : Fleming H. Revell, 1961).

집단은 못 되었던 것이다.

그러나 예수님은 이러한 소박한 사람들 속에서 하나님의 나라를 위한 지도력이 잠재해 있음을 보셨다. 그들은 세상의 기준에 의하면 실로 "무식하고 무지"하기는 했지만행 4:13 가르치기는 좋은 사람들이었다. 비록 판단에 실수가 많고 영적 일들을 이해하는 데 더디기는 했지만, 자기들의 부족을 서슴없이 고백하는 정직한 사람들이었다. 그들의 행동거지는 어색하고 재능은 제한되어 있었을지 모르지만, 배반자를 제외하고 그들의 가슴은 넓었다.

그들에게서 제일 중요한 점은 하나님과 주님의 생명의 실재에 대한 진지한 열망이었다. 그들을 둘러싼 피상적인 종교 생활이 메시아에 대한 그들의 소망을 억누르지는 못했던 것이다요 1:41, 45, 49, 6:69. 그들은 지배 계급의 위선에 진저리를 느끼고 있었다. 그들 중 몇 사람은 이미 세례 요한의 부흥 운동에 가담했다요 1:35. 그 사람들은 자신들을 구원의 길로 인도할 사람을 찾고 있었다.

주님의 손에 사로잡힐 수 있는 그런 사람들이야말로 새로운 형상으로 빚어질 수 있었던 것이다. 예수님은 쓰임받기를 원하는 사람은 누구나 사용하실 수 있다.

소수에게 집중하심

이러한 사실에 주목하면서도, 우리는 예수께서 그 일을 하신 방법에 관한 실제적 사실을 놓치고 싶지 않다. 주님의 방법에는 지혜가 담겨 있으므로 그것을 관찰하다 보면, 우리는 다시 주님이 쓰기로 작정하신 사람들에 대한 집중이라는 근본 원리로 돌아가게 된다. 세상 사람 하나 하나가 변화되지 않고는 아무도 세상을 변화시킬 수 없으며, 각 사람은 주님의 손에서 빚어지지 않고는 변화될 수 없다. 소수의 평신도를 선택할 뿐만 아니라 그들과 효과적으로 일할 수 있도록 그룹을 작게 유지해야 할 필요가 분명히 있는 것이다.

그러므로 따르는 무리가 많아짐에 따라, 주님의 공생애 2년 중반쯤에 가서는 무리를 보다 다루기 쉬운 숫자로 제한할 필요가 생겼다. 이에 예수님은 "제자들을 부르사 그 중에서 열둘을 택하여 사도라 칭하셨다"눅 6:13-17 ; 참조, 막 3:13-19. 사람들이 열둘[3]이라는 숫자에 부여하려는 상징적 의미와는 상관없이, 예수께서 이 사람들로 하여금 주님의 사역에서 독특한 특권과 책임을 갖도록 하실 생각이 있었음은 분명하다.

이것은 예수님이 열두 사도를 택하신 후엔 다른 사람들이 그를 따르지 못하게 하셨다는 뜻은 아니다. 왜냐하면 우리가 아는 대로 그보다 더 많은 사람이 그와 함께 지냈으며, 그들 중 몇은 교회에서 아주 영향력 있는 일꾼이 되었기 때문이다.

칠십 인눅 10:1과 복음서 저자들인 마가와 누가, 주님의 형제 야고보고전

---

3) 예수께서 제자들을 더 많이 택하거나 더 적은 수와 지낼 수도 있었을텐데, 임의로 열두 제자를 사도로 지명하신 이유에 대하여는 의견이 분분하다. 그러나 가장 타당성 있는 이론은 그 숫자가 사도 진용과 하나님의 메시아적 왕국 사이의 어떤 영적 관계를 암시한다는 것이다. Edwin Schell이 표현한 대로, "열둘은 영적 이스라엘의 숫자다. 열두 족장이나 열두 지파, 하늘에 있는 예루살렘의 열두 문의 열두 기초 등, 어디서 관찰하든지 열둘이라는 숫자는 인간의 권속 가운데 내재(內在)하시는 하나님의 임재, 신의 세상 침투를 상징한다"(Schell, *op. cit.*, p. 26 ; 참조, Bruce, *op. cit.*, p. 32). 사도들이 그 숫자에서 좀더 문자적인 의미를 보고, 처음엔 이스라엘의 정치적 회복이라는 잘못된 소망을 가졌을 가능성도 다분히 있다. 그들은 틀림없이 열둘 중에 든 자신들의 위치를 알고 있었으며, 유다를 잃음으로 생긴 빈자리를 채우는 데 주의를 기울였다(행 1:15-26 ; 참조, 마 19:28). 그러나 한 가지 사실은 분명하다. 그 숫자는 선택된 사람들로 하여금 장래의 하나님 나라 사역에서 그들의 중요성을 깨닫게 하는 데 기여했다.

15:7 ; 갈 2:9, 12 ; 참조, 요 2:12, 7:2-10 등이 그 뚜렷한 본보기다. 그렇지만 우리는 열두 사도 이외의 사람들에게는 우선 순위가 급속도로 줄어들었다는 것을 인정해야 한다.

같은 법칙이 역으로 적용될 수도 있다. 왜냐하면 선택된 사도 집단 내에서도 베드로와 야고보 및 요한은 다른 아홉보다 주님과 더 특별한 관계를 누린 것 같기 때문이다. 이러한 특권을 누린 소수만이 야이로의 딸이 병고침을 받는 자리에 초청되었으며막 5:37 ; 눅 8:51, 주님과 함께 변화산에 올라가서 주님의 영광을 보았다막 9:2 ; 마 17:1 ; 눅 9:28. 그리고 유월절의 보름달 아래 불길한 그림자를 던지는 겟세마네의 감람나무 숲속에서 이 핵심적인 제자들은 주께서 기도하시는 동안 가장 가까운 곳에서 기다렸다막 14:33 ; 마 26:37.

이 셋에게 주어진 편애가 너무나 현저해, 그리스도께서 전혀 이기심이 없는 분으로 오시지 않았다면 다른 제자들에게 당연히 불평이 생길 만한 일이었다.

제자들이 다른 것들에 대해서는 수군거리면서도 그 셋의 우위에 대해서는 불평한 기록이 없다는 사실은 편애가 바른 정신과 바른 이유 때문이라면 감정을 해칠 까닭이 없다는 것을 증명하는 것이다.[4]

---

4) Henry Latham은 이 셋의 선택이 전체 동료들에게 "자기 부정"의 필요성을 심어 주는 데 기여했다는 의견을 냈다. 그의 분석에 따르면, 그것은 실제로 사도들에게 다음과 같은 점을 보여주기 위함이었다. "그리스도는 자기가 원하시는 자에게 원하시는 임무를 주셨고, 하나님을 섬기는 데는 쓰임받는 것 자체가 영광이며, 누구도 자기 일보다 더 귀해 보이는 일을 다른 사람이 맡는 것을 보았다고 해서 실망해서는 안 된다"(Latham, *op. cit.,* p. 325).

준수된 원리

여기에서 우리는 확실히, 예수께서 훈련하시고자 했던 사람들에게 자신의 삶을 바치신 신중한 방법을 보고 깊은 인상을 받는다. 또한 가르치는 일을 지배하는 근본 원리를 그림처럼 사실적으로 보게 된다. 즉 다른 점들이 똑같다면, 가르침을 받는 집단의 크기가 작아질수록 효과적인 지도가 이루어질 기회가 더 많아진다는 것이다.[5]

예수님은 지상에서 남은 생애의 대부분을 소수의 제자들에게 바치셨다. 주님은 문자 그대로 자기의 전사역을 그들에게 거셨다. 세상은 주님에게 무관심할 수 있었으나 주님의 전략을 이길 수 없었다. 주님을 적당히 따르던 자들이 천국의 참의미에 부딪혀서 충성심을 저버렸을 때에도 주님은 크게 걱정하지 않으셨다요 6:66.

그러나 가까운 제자들이 주님의 목적에서 벗어나는 것은 참을 수 없었다. 그들은 진리를 이해하고 그 진리로 거룩해지지 않으면 안 되었다요 17:17. 그렇지 않으면 모든 것을 잃어버리게 될 판이었기 때문이다. 그래서 주님은 "세상을 위해서가 아니라" 하나님께서 "세상 중에서" 자기에게 주신 소수를 위하여 기도하셨다요 17:6, 9.[6] 세상이 "그들의 말을 통해" 주님을 믿게 되려면, 모든 것은 그들의 충성에 달려 있었기 때문이다요 17:20.

---

5) 예수님의 사역에서 예증된 집중의 원리가 주님에게 새로운 것은 아니었다. 그것은 처음부터 변함없는 하나님의 전략이었다. 구약은 하나님이 인류를 위한 구속의 목적을 이루실 통로로 어떻게 이스라엘이라는 비교적 작은 민족을 선택하셨는가를 기록하고 있다. 그 민족 내에서도 지도권은 보통 일정한 가문, 특히 유다 족속의 다윗 혈통에 집중되었다.
6) 요한복음 17장에 있는 그리스도의 대제사장적 기도는 이것과 관련해 특히 의미가 있다. 그 기도의 26개의 절 가운데 14개 절이 열두 제자와 직접 관련된다(요 17:6-19).

대중을 소홀히 하지 않으심

여기에서 강조한 것을 근거로 예수님이 대중을 소홀히 했다고 생각하는 것은 잘못이다. 결코 그렇지 않았다. 예수님은 대중을 구원하기 위해 사람이 할 수 있는 모든 일과 그 이상의 일도 하셨다. 주께서 사역을 시작하면서 처음으로 하신 일은 요한의 손에서 세례를 받으심으로 그 당시의 위대한 대중 부흥 운동에 과감하게 자신을 일치시킨 일이었다막 1:9-11 ; 마 3:13-17 ; 눅 3:21-22. 그리고 주께서는 나중에 이 위대한 선지자의 사역을 칭찬하셨다마 11:7-15 ; 눅 7:24-28.

그 자신도 기적을 보고 따르는 무리에게 계속해 설교하셨다. 주님은 그들을 가르치셨고, 배고플 때 먹이셨고, 그들의 병을 고치셨고, 그들 안에 있는 귀신들을 내쫓으셨으며, 그 자녀들에게 축복하셨다. 어떤 때는 그들의 필요를 보살펴 주면서 온종일을 지내야 했기에 "음식 먹을 겨를도 없으셨다"막 6:31.

가능한 모든 방법으로 예수님은 인간 대중에게 진정한 관심을 나타내셨다. 이들은 주께서 구원하시러 온 사람들이었다. 주님은 그들을 사랑했고, 그들을 위해 우셨으며, 마침내는 죄에서 그들을 구원하기 위하여 죽으셨다. 아무도 예수님이 대중 전도를 게을리 하셨다고 생각할 수는 없을 것이다.

군중이 자극받음

사실 예수님이 보이신 대중을 감동시키는 능력 때문에 주님의 사역에 심각한 문제가 일어났다. 주님은 그들에게 사랑과 능력을 너무나도 성공적으로 표현하셨기 때문에 한 번은 그들이 "억지로 그를 잡아 임금을 삼으려" 했었다요 6:15. 세례 요한을 따르는 자들의 보고에 의하면 "모든 사람"이 다 주께로 가버렸다고 했다요 3:26. 심지어 바리새인들도 온 세상이 다 그를 좇는다고 자기들끼리 인정했으며요 12:19, 비록 그렇게 인정하는 것이 씁쓸한 일이었겠지만 대제사장들도 이 견해에는 동의했다요 11:47-48.

어떻게 보든지 간에 복음서의 기록에서 사람들이 비록 충성을 바치기는 주저했지만 예수께서 대중에게 인기가 없었다는 암시는 받을 수 없으며, 이런 상태는 마지막까지 계속되었다. 실로 주님을 비난하는 사람들이 무리가 없을 때 그를 체포할 생각을 품었던 것도 예수님에 대한 대중의 친밀감 때문이었다막 12:12 ; 마 21:26 ; 눅 20:19.

만일 예수님이 대중 가운데 있는 이러한 군중심리를 조금이라도 조장했다면, 주님은 손쉽게 인간의 모든 왕국을 발 아래 둘 수도 있었을 것이다. 주님은 단지 자신의 초자연적 능력으로 사람들의 일시적 욕구와 호기심을 만족시켜 주기만 하면 그만이었을 것이다.

사탄이 광야에서 예수님더러 돌들로 떡덩이가 되게 하며, 하나님이 붙드실 것을 믿고 성전 꼭대기에서 뛰어내리라고 한 시험도 그런 것이었다마 4:1-7 ; 눅 4:1-4, 9-13. 이러한 놀라운 일들을 했다면 틀림없이 군중의 박수갈채를 받고도 남았을 것이다.

사탄은 주님이 자기에게 엎드려 경배하기만 하면 세상의 모든 나라를 주겠다고 약속했을 때, 실은 아무것도 약속한 것이 아니었다마 4:8-10. 그 거짓 아비는 만일 예수께서 영원한 나라의 중요한 일들에서 딴 데로 관심을 돌리시기만 하면 자동적으로 사람들의 추앙을 받게 되리라는 것을 잘

알고 있었던 것이다.[7]

그러나 예수님은 대중에 영합하지 않으셨다. 오히려 그와는 정반대였다. 거듭거듭 주님은 비상한 능력 때문에 일어난 군중의 표면적 지지를 가라앉히려고 각별히 애를 쓰셨다예, 요 2:23-3:3 ; 6:26-27.

주님은 여러 차례 자극되기 쉬운 대중의 시위를 막기 위해서 자기에게 병고침을 받은 사람들에게 그 일에 대하여 아무 말도 하지 말라고 부탁하시기까지 했다.[8] 마찬가지로 변화산에 함께 올라갔던 제자들에게도 자신이 죽은 자 가운데서 살아날 때까지는 "본 것을 아무에게도 이르지 말라"고 경계하셨다막 9:9 ; 마 17:9. 군중에게 박수를 받은 다른 여러 경우에도, 예수님은 제자들과 함께 가만히 빠져 나와 다른 곳으로 가서 사역을 계속하셨다.[9]

주님의 이러한 행동은 때때로 주님의 전략을 이해하지 못하고 주님을 따르는 자들을 괴롭게 했다. 아직 주님을 믿지 않던 친형제 자매들까지도 주께 이러한 정책을 버리고 자신을 세상에 공개적으로 나타내라고 다그쳤으나 주께서는 그들의 충고를 받아들이지 않으셨다요 7:2-9.

---

7) 이 말은 그 시험에 들어 있는 뜻이, 그게 전부였다는 것을 제안하려는 것이 아니고, 단지 그 시험이 예수님의 임무의 영적 목적은 물론 세계 전도를 위한 예수님의 전략도 결코 넘어지려는 것이 없다는 것을 강조하려는 것이다. 이 시험을 어느 정도 비슷한 전도 방법적 견지에서 해석한 또 하나의 예는 Colin W. Williams, *Where in the World?*(New York : National Council of Churches of Christ), pp. 24-27이 있다.
8) 그러한 예로는 깨끗함을 받은 문둥병자(막 1:44-45 ; 마 8:4 ; 눅 5:14-16), 갈릴리 바닷가에서 더러운 영에게서 해방된 사람들(막 3:11-12), 죽은 딸의 회생을 본 후의 야이로(막 5:42-43 ; 눅 8:55-56), 시력이 회복된 두 소경(마 9:30), 벳새다의 소경(막 8:25-26)의 경우가 있다.
9) 이러한 예로는 요한복음 1:29-43, 6:14-15 ; 마가복음 4:35-36, 6:1, 45-46, 7:24-8:30 ; 마태복음 8:18, 23, 14:22-23, 15:21, 39, 16:4 ; 누가복음 5:16, 8:22 등이 있다.

이해하는 사람이 거의 없어 보였다

이러한 정책에 비추어 볼 때, 그리스도께서 일하시는 동안에 확고하게 믿은 사람이 극소수였다는 것이 결코 놀랄 일은 못 된다. 물론 주님의 신적 사역을 받아들였다는 의미에서 많은 사람이 그리스도를 믿었지만,[10] 복음의 의미를 붙잡은 사람들은 비교적 소수였던 것 같다.

아마 주님의 지상 사역의 결과 주님을 헌신적으로 따랐던 사람들의 총수는 예수님이 부활 후에 자신을 나타내 보이셨던 500여 형제들을 조금 넘었을 것이며고전 15:6, 겨우 120명 가량이 성령 세례를 받기 위해 예루살렘에 머물렀다행 1:15. 비록 이 수가 주님의 적극적 사역 기간이 겨우 3년에 지나지 않았다는 것을 고려하면 적은 것은 아니지만, 우리가 이 시점에서 주님의 전도의 효율성을 결신자의 수로 가늠하려 한다면, 예수님은 결코 가장 생산적인 대중 전도자들 축에 끼지 못할 것이다.

주님의 전략

왜 예수님은 일부러 자기 생애를 상대적으로 그렇게 적은 사람들에게 집중하셨을까? 주님은 세상을 구원하러 오시지 않았던가? 군중의 귓전에 울리는 세례 요한의 불타는 선언에 힘입어, 만일 원하시기만 했다면 주님은 손쉽게 수천 명의 추종자들을 즉각 손에 넣을 수 있었을 것이다. 그런데 왜 주님은 이 기회를 이용하여 세상을 폭풍처럼 휩쓸어 버릴 강력한 신

---

10) 이러한 예로는 요한복음 2:23-25, 6:30-60, 7:31-44, 11:45-46, 12:11, 17-19 ; 누가복음 14:25-35, 19:36-38 ; 마태복음 21:8-11, 14-17 ; 마가복음 11:8-11 등이 있다.

자들의 군대를 모집하지 않으셨을까? 틀림없이 하나님의 아들은 대중 동원이라는 좀더 매혹적인 프로그램을 채용하실 수도 있었을 것이다. 우주의 모든 권세를 쥐고 계신 분이 세상을 구원하기 위해 살다가 죽으신 끝에 그 수고의 대가로 얻은 것이 고작 초라한 제자 몇 명이라니 실망스러운 일이 아닌가?

이 질문에 대한 해답은 즉시 주님의 전도 계획의 참된 목적에 초점을 맞춘다. 예수님은 군중을 감동시키려 한 것이 아니라 한 나라의 도래를 알리려 하셨다. 이것은 많은 사람을 인도할 사람이 그에게 필요했다는 뜻이다. 만일 이 사람들이 계속적 지도나 가르침을 받지 못한다면 그 많은 사람으로 하여금 자기를 따르게 하는 것이 주님의 궁극적 목적에 무슨 도움을 주겠는가?

군중은 적절한 보살핌이 없이 내버려두면 쉽게 거짓 신들의 희생물이 된다는 것이 수많은 경우에 드러났었다. 대중은 마치 목자 없이 갈 바를 알지 못하고 방황하는 무력한 양떼와 같았다막 6:34 ; 마 9:36, 14:14. 그들은 행복을 약속하며 자신들에게 다가오는 사람은 친구이든 원수이든 가리지 않고 따를 준비가 되어 있었다. 그것이 그 당시의 비극이었다.

사람들의 고귀한 열망이 예수님에 의해 쉽게 자극되기도 했지만 그들을 통제하는 거짓된 종교 당국에 의해 꺾여 버린 것도 그에 못지않게 빨랐다. 영적으로 소경 된 이스라엘의 지도자들은요 8:44, 9:39-41, 12:40 ; 참조, 마 23:1-39 비록 수효는 적은 편이었지만[11] 백성의 모든 문제를 완전히 장악하고 있었다.

이러한 이유로 예수님의 회심자들에게 진리 가운데 그들을 계속 지도하고 보호해 줄 유능한 하나님의 사람들을 주지 않았다면, 그들은 곧 혼란과 절망 가운데 떨어졌을 것이며, 그 나중 형편이 처음보다 더 나빠졌을 것이다. 따라서 세상이 항구적으로 도움을 받게 되려면, 하나님의 일을 하는 가운데서 무리들을 인도할 수 있는 사람들이 먼저 일어나야만 했던 것이다.

예수님은 실제적인 분이셨다. 주님은 인간을 대항하여 모인 이 세상의 마귀적 세력뿐만 아니라 타락한 인간 본성의 변덕스러움도 알고 계셨으며, 이러한 지식 가운데 그 필요를 채워 줄 계획을 세우심으로 자신의 전도를 뒷받침하셨다. 심령이 분열되고 혼란에 빠진 대중은 잠재적으로 그를 따를 준비가 되어 있었지만, 예수님은 그들에게 필요한 개인적 보살핌을 일일이 주실 수 없었다.

주님의 유일한 소망은 자기를 대신하여 그 일을 하고자 하는 사람들을 주님 자신의 생활에 젖어들게 하는 것이었다. 그래서 주님은 이 지도력의 시초가 되어야 할 사람들에게 자신을 쏟으셨던 것이다. 비록 대중을 돕기 위해 할 수 있는 일을 하시기는 했지만, 많은 사람이 구원받도록 하기 위해 대중보다는 주로 소수의 사람들에게 자신을 바치셨다. 이것이 주님의 전략의 천재성이었다.

---

11) 지배하고 있는 로마 군대를 제외하고는 바리새인과 사두개인이 이스라엘의 주된 지도자들이었는데, 그 당시 팔레스타인에 살던 약 2백만 주민의 모든 종교, 사회, 교육, 제한된 범위의 정치 활동이 그들의 통제 아래 이루어졌다. 그러나 대부분이 랍비와 잘 사는 주민들로 이루어진 바리새과 사람의 수는, 요세푸스의 추산에 따르면(요세푸스 II<유대고대사>, 제17권, 2, 4장-본사 역간 <Ant., XVII, 2, 4>) 6,000명을 넘지 않았으며, 한편 대부분 예루살렘의 대제사장들과 산헤드린 공회원들로 이루어진 사두개인의 수는 몇 백에 불과했다고 한다. Anthony C. Deane, *The World Christ Knew*(London : Guild Books, 1944), pp. 57, 60과 Edersheim, *op. cit.*, 1권, p. 311을 보라. 이스라엘 인구 1퍼센트의 약 3분의 1을 차지하는 7,000명도 채 안 되는 이 소수의 특권 계층이 한 국가의 영적 운명을 좌우했다는 것을 생각할 때, 예수님이 그들에 관하여 그토록 많이 말씀하시는 한편 제자들에게 좀더 훌륭한 지도자의 전략적 필요성을 가르치신 이유를 이해하기가 어렵지 않다.

오늘날 적용되는 원리

이상하게도 오늘날의 사람들은 이것을 사실상 거의 이해하지 못하고 있다. 교회가 기울이는 전도의 노력은 그 대부분이, 교회는 좋은 일이라면 무엇이나 해야 한다는 가정 아래 많은 사람으로부터 시작된다. 그 결과로 결신자와 세례 지원자, 교인의 수효는 대대적으로 강조하면서도, 그 사역을 유지하고 지속하는 일은 말할 것도 없고 이러한 영혼들을 하나님의 사랑과 능력 안에서 세우는 데는 진정한 관심을 거의 또는 전혀 나타내지 않는다.

분명한 것은 만일 이 점에서 예수님의 모범이 조금이라도 의미가 있는 것이라면, 전도자의 첫 번째 관심은 물론이고 목사의 첫째 의무는 다수에게 효과적이고 지속적인 사역을 할 기초를 처음부터 놓도록 하는 데 있음을 알게 된다. 이것은 세상을 향한 열정을 소홀히 하지 않으면서도 동시에 교회 안에 있는 소수의 사람들에게 더 많은 시간과 노력을 집중하도록 요구할 것이다. 그리고 목사와 함께 "봉사의 일을" 할 훈련된 지도자를 세우는 것을 의미한다(엡 4:12.[12]) 그렇게 바쳐진 소수의 사람들은 때가 되면 하나님을 위하여 세상을 흔들어 놓을 것이다. 승리는 결코 다수에 의해 이루어지지 않는다.

혹자는 이 원리를 기독교 사역자가 사용할 경우 교회 안의 어떤 선택된 집단에게 편애를 보이게 된다는 이유로 반대할 것이다. 그렇다손 치더라도 이것은 여전히 예수께서 자신의 생애를 기울이셨던 방법이며, 항구적인 지도자를 기르려 한다면 꼭 필요한 일이다. 그것을 전교회를 의한 순수한 사랑에서 실천하고, 사람들의 필요에 대한 마땅한 관심으로 나타낸다면, 반대 의견들은 지금 달성되어 가고 있는 성과 때문에라도 수그러들 것이다.

그렇지만 사역자는 궁극적 목표를 분명히 알고 있어야 하며, 그렇게 될 때 모든 사람과의 관계에서 어떠한 이기적 편애도 엿보이지 않을 것이다. 소수와 함께 이루어지는 모든 일은 다수의 구원을 위한 것이다.

현대의 사례

이 선택과 집중의 원리는 만물에 새겨져 있으며, 교회가 그것을 믿건 안 믿건 실천하기만 하면 좋은 결과를 가져올 것이다. 항상 실현성 있는 방법

---

12) 이 개념은 *New English Bible*의 에베소서 4:11-12에 분명하게 표현되어 있다. "그가 주시는 은 사들은 이러하다. 어떤 사람은 사도, 어떤 사람은 선지자, 어떤 사람은 전도자, 어떤 사람은 목사와 교사가 되게 하셨으니, 그것은 하나님의 백성으로 하여금 봉사의 일을 할 수 있도록 준비시켜, 그리스도의 몸을 세우려는 것이다." 그 밖의 현대어역 성경들도 이와 본질적으로 같은 의미를 담고 있는데, 그중에는 Weymouth, Phillips, Wuest, Berkeley, Williams, Amplified New Testament 등이 있다. 12절에 있는 세 개의 어구는 마지막 것을 절정으로 하여 서로 잘 조화를 이루고 있다. 이 해석에 따르면 그리스도는 교회의 몇몇 직분자들에게 특별한 은사를 주셨는데, 그 목적은 성도들이 그리스도의 몸을 세우는 하나의 큰 목적을 위해 각자의 봉사를 수행할 수 있도록 완전케 하는 데 있다는 것이다. 교회의 사역은 몸의 모든 지체들이 참여하는 일이라고 보는 것이다(고전 12:18과 고후 9:8을 비교하라). Luther도 에베소서 주석에서 같은 말을 했으며, Weiss, Meier, Dewitte, Salmond 등도 같은 입장을 취한다. 이러한 관점에서 이 구절을 잘 주해한 것으로는 *The Expositor's Greek Testament*(Grand Rapids : Wm. B. Eerdmans Publishing Co.)의 에베소서 편, pp. 330-331을 참고하라. 이와 다른 견해를 잘 제시한 것들로는 Abbott의 "Ephesians and Colossians," *International Critical Commentary*(Edinburgh : T. T. Clark, 1897), pp. 119-120과 Lange, "Galatians-Colossians," *Commentary on the Holy Scriptures*(Grand Rapids : Zondervan), pp. 150-151이 있다. 이 전체적인 생각을 실제적으로 다룬 것으로는 Gaines S. Dobbins, *A Ministering Church*(Nashville : Broadman Press, 1960), 제2장, "A Church Needs Many Ministers," pp. 15-29와 이와 다른 각도에서 본 것으로 Watchman Nee, *The Normal Christian Church Life*(Washington, D. C. : International Students Press, 1962)에서 찾아볼 수 있다.

을 찾는 공산주의자들이 주님의 이 방법을 널리 자기들의 것으로 채택한 것은 분명히 의미 없는 것이 아니다.

그들은 그릇된 목적을 위해 이 원리를 사용함으로써, 75년 전에 몇 명의 열성 분자들로 시작하여 전세계 인구의 거의 절반이나 예속隸屬시키고 있는 거대한 음모의 도당으로 번식하였다. 그들은 예수님이 그 당시에 분명히 보여주신 원리-따를 지도자만 주면 대중은 손쉽게 얻을 수 있다는-를 우리 시대에 실증實證했다. 이 흉악한 공산주의 철학의 전파는 어느 정도 교회에 대한 심판, 다시 말해서 전도에 대한 우리의 무기력한 헌신 그리고 우리가 전도에 대해 노력해 온 피상적인 방법에 대한 심판이 아니겠는가?

실천해야 할 시기

지금은 교회가 현상황에 현실적으로 대처해야 할 시기이다. 우리의 나날은 헛되이 지나가고 있다. 교회의 전도 프로그램은 거의 모든 면에서 막다른 골목에 이르렀다. 설상가상으로 새로운 개척지를 향한 복음 전파의 큰 기운도 그 힘을 크게 잃어버렸다. 대부분의 지역에서 쇠약해진 교회는 성장률이 인구 증가율조차도 따라가지 못하고 있다. 그러는 동안 이 세상의 사탄의 세력은 더 무자비하고 파렴치하게 공격해 오고 있다.

조금만 시간을 내어 생각해 보면 묘하다. 복음을 신속하게 전달할 설비들을 과거 어느 때보다 더 많이 교회가 이용할 수 있는 시대에, 실제로는 손수레의 발명 이전보다 더 세상을 하나님께로 인도하는 일에 성과가 떨어지고 있다.

그렇지만 오늘날의 비극적 상황을 평가할 때, 우리는 이러한 추세를 하룻밤 사이에 바꾸어 놓으려고 지나치게 흥분해서는 안 된다. 어쩌면 지금까지 그것이 우리의 문제였는지도 모른다. 이 흐름을 막으려는 관심에서 우리는 하나님의 구원의 말씀을 가지고 많은 사람에게 감동을 주려고 갖가지 요란한 프로그램을 실시해 왔다.

그러나 우리가 좌절하면서도 파악하지 못한 것은, 진짜 문제가 대중-그들이 무엇을 믿으며, 어떻게 그들을 다스릴 수 있고, 그들에게 좋은 음식을 먹이느냐 못 먹이느냐 등-에게 있지 않다는 사실이다. 그처럼 중요하게 여겨지는 이런 모든 것은 궁극적으로 다른 사람들이 조종하며, 이러한 이유로 우리는 대중을 개척하기로 결정하기에 앞서 그 사람들이 좇는 사람들을 감동시켜야 한다.

이것은 말할 것도 없이 이미 지도자로 책임 있는 위치에 있는 사람들을 확보하여 훈련하는 데 우선 순위를 둔다. 그러나 우리가 꼭대기부터 시작할 수 없다면, 우리가 있는 곳에서 시작하여 소수의 낮은 자들을 큰 자가 되도록 훈련하도록 하자. 그리고 하나님 나라에서 크게 쓰임받기 위해서는 세상의 명성을 가질 필요가 없다는 것도 기억하자. 그리스도를 기쁜 마음으로 따르는 사람이면 누구나 세상에 강력한 영향을 끼칠 수 있다. 물론 그 자신이 적절한 훈련을 받는다면 말이다.

우리가 예수님처럼 시작해야 하는 곳이 바로 여기다. 처음에는 느리고, 지루하고, 고통스러우며, 사람들의 눈에 띄지 않겠지만, 비록 우리가 살아서 보지 못하게 된다 하더라도 마지막 결과는 영광스러울 것이다. 그렇지만 이런 각도에서 볼 때 이것은 사역에서 큰 결단이 따르는 문제다.

우리는 사역의 가치를 어디에 둘 것인지 결정해야 한다. 대중의 인정을 받아 순간적인 박수를 받을 것인지 아니면 자기가 떠난 후에도 사역을 계속할 소수의 선택된 사람들에게서 자기 생명의 재생산을 기대할 것인지, 참으로 그것은 우리가 어느 세대를 위하여 살고 있느냐 하는 문제다.

    그러나 여기서 멈춰서는 안 된다. 이제 예수께서 자신의 사역을 계속할 사람들을 어떻게 훈련하셨는가를 볼 필요가 있다. 전체적 패턴은 동일한 방법의 부분이므로, 한 국면을 다른 것에서 떼어 놓으면 그 효력은 사라지고 말 것이다.

동거
THE MASTER PLAN OF EVANGELISM 제 2 장
Association

볼지어다……내가 너희와 항상 함께 있으리라 _ 마태복음 28:20

주님은 그들과 함께 지내셨다

예수님은 자기 사람들을 부르신 후 계속 그들과 함께 지내셨다. 그리고 단지 제자들로 하여금 자기를 따르도록 하셨다. 이것이 바로 그의 훈련 프로그램의 진수였다.

생각해 보면 이것은 매우 단순한 방법이었다. 예수님은 자기를 따르는 사람들을 등록시킬 정규 학교나 신학교, 다듬어진 연구 과정, 일정 기간의 회원제 학급을 가지고 계시지 않았다. 오늘날 같으면 반드시 필요하다고 여기는 이런 고도로 조직화된 과정이 주님의 사역에는 전혀 끼어들지 않았다.

놀랄지 모르지만 예수께서 이 사람들에게 자기의 길을 가르치기 위해 하신 일은 단지 그들을 자기 가까이 있게 한 것뿐이었다. 바로 주님 자신

이 학교요 교육 과정이었다.

예수님의 이런 교수 방법의 자연스런 비형식성은 서기관들의 형식적이고 학교와 비슷한 과정과는 큰 대조를 이루었다. 당시 종교 지도자들은 그들의 제자들에게 일정한 의식과 지식의 형식을 엄격하게 고수할 것을 강조했으며, 그렇게 함으로 스스로 다른 사람들과 구별지었다.

하지만 예수님은 제자들에게 자기를 따를 것만을 요구하셨다. 지식은 법칙과 교리의 형식으로 전달된 것이 아니라 그들 가운데서 사신 분의 살아 있는 인격으로 전달되었다. 주님의 제자들은 일정한 의식을 따라 함으로써가 아니라 주님과 함께 지내면서 주님의 교훈에 참여함으로 구별되었다요 18:19.

안다는 것은 함께 지내는 것이다

제자들에게 "하나님 나라의 비밀을 아는 것"눅 8:10이 허락된 것은 이러한 사귐을 통해서였다. 지식은 설명을 통해 이해되기에 앞서 함께 거함으로 얻어졌다. 이 사실은 제자 중 하나가 성삼위 사상을 접하고 나서 느낀 좌절감을 나타내어 "우리가 그 길을 어찌 알겠삽나이까" 하고 질문한 것에서 가장 잘 표현되었다.

이에 예수님은 "내가 곧 길이요 진리요 생명이니"요 14:5-6 하고 대답하셨는데, 제자들이 그들 가운데 성육신하신 영적 실재에 눈을 뜨기만 한다면 문제의 요점은 이미 그 대답에 나와 있다는 말씀이었다.

이 단순한 방법은 처음부터 예수께서 자기에게 오기를 원하던 사람들에게 베푸신 초청에 나타나 있다. 요한과 안드레는 예수님이 계신 곳에

"와 보라"는 초청을 받았다요 1:39. 기록에 따르면 그 이상은 아무 말씀도 하지 않으셨다. 무슨 말이 더 필요하겠는가? 그들은 집에서 예수님과 함께 여러 가지를 이야기할 수 있었으며, 거기서 사적으로 주님의 성품과 사역을 가까이 볼 수 있었다. 빌립에게도 같은 방식으로 골자만 말씀하셨다. "나를 좇으라"요 1:43. 이와 같이 단순한 접근에 깊은 인상을 받았던 탓인지, 빌립도 나다나엘에게 주님께 "와 보라"고 초청하였다요 1:46.

살아 있는 설교 한 편은 백 번의 설명만큼 가치가 있다. 후에 야고보와 요한, 베드로, 안드레가 그물을 손질하고 있을 때, 예수님은 "나를 따라오너라"는 비슷한 말씀으로 그들을 부르셨는데, 다만 이번에는 "내가 너희로 사람을 낚는 어부가 되게 하리라"는 이유를 덧붙이셨다막 1:17 ; 참조, 마 4:19 ; 눅 5:10. 마찬가지로 마태도 세관에 앉아 있을 때 "나를 좇으라"는 같은 초청으로 부름을 받았다막 2:14 ; 마 9:9 ; 눅 5:27.

준수된 원리

이 대단한 전략을 보라. 이러한 최초의 부르심에 호응함으로 믿는 자들은 사실상 그들의 이해가 넓어지고 믿음이 확고해지도록 배울 수 있는 주님의 학교에 등록한 것이다.

이 사람들이 이해하지 못했던 것들, 곧 주님과 동행하면서 서슴없이 모른다고 인정했던 것들도 분명히 많이 있었지만, 이 모든 문제는 예수님을 따를 때 해결할 수 있었다. 그분 앞에서 그들은 알아야 할 모든 것을 배울 수 있었다.

처음부터 내포된 이 원리는 나중에 예수님이 큰 무리 중에서 "자기와 함께 있도록" 열둘을 선택하셨을 때 명확하게 표현되었다막 3:14 ; 참조, 눅 6:13. 주님은 물론 그 밖에 "전도도 하며 귀신을 내어 쫓는 권세도 갖게 하여" 그들을 내보내겠다고 하셨지만 우리는 흔히 무엇이 먼저였는지 깨닫지 못한다. 예수님은 이들이 "전도를 하며" "귀신을 내어 쫓기" 이전에 "그와 함께" 있어야 함을 분명히 하셨다.

사실 주님과 항상 함께 있도록 한 이러한 개인적 임명은 전도를 위한 권위 부여임과 동시에 지상 명령의 일부이기도 했다. 또한 당분간은 그것이 훨씬 더 중요한 일이었다. 왜냐하면 그것은 뒷일을 위해 필요한 준비였기 때문이다.

훈련이 끝나감에 따라 더욱 가까워짐

예수님이 이 명령을 이루기 위해 내리신 결심은 복음서의 기록을 차근차근 읽어 보면 명백해진다. 우리의 예상과는 반대로 그리스도의 사역이 2년, 3년으로 길어짐에 따라 주님은 선택하신 제자들에게 점점 더 많은 시간-적은 시간이 아니라-을 쏟으셨다.[1]

주님은 자주, 될 수 있는 대로 사람들을 피하여 비교적 잘 알려지지 않은 시골의 산간 지대로 그들을 데리고 가시곤 했다. 그들은 북서쪽의 두로와 시돈막 7:24 ; 마 15:21, "데가볼리 지경"막 7:31 ; 참조, 마 15:29, 갈릴리 남동쪽

---

[1] Henry Latham과 같은 몇몇 학자들은, 사도들을 임명하기 전까지 예수님의 처음 관심은 대중이었으나 그 이후로 제자들 특히 열둘에게로 관심이 옮겨졌다고 주장한다(Henry Latham, op. cit., pp. 188-269). 그와 같은 관심의 결정적 구분이 성경 기록에 비추어 정당화될 수 있는지 모르지만, 예수님이 시간이 지나감에 따라 점점 더 자신을 사도들에게 바치셨다는 사실은 분명하다.

의 "달마누다 지방"막 8:10 ; 참조, 마 15:39, 북동쪽의 "가이사랴 빌립보 여러 마을"막 8:27 ; 참조, 마 16:13로 함께 여행을 다녔다.

이러한 여행들은 부분적으로는 바리새인들의 반대와 헤롯의 적대 행위 때문에 이루어졌지만, 근본적으로는 예수께서 제자들하고만 있어야 할 필요를 느끼셨기 때문이다. 후에 예수님은 요단강 동편 베뢰아에서 제자들과 함께 몇 달을 보내셨다눅 13:22-19:28 ; 요 10:40-11:54 ; 마 19:1-20:34 ; 막 10:1-52.

그곳에서 반대가 커지자 예수님은 "다시 유대인 가운데 드러나게 다니지 아니하시고 여기를 떠나 빈들 가까운 곳인 에브라임이라는 동네에 가서 제자들과 함께 거기 유하셨다"요 11:54. 마침내 예루살렘으로 올라가실 때가 되자 그는 의미 심장하게 "열두 제자를 따로 데리시고" 천천히 그 성으로 발걸음을 옮기셨다마 20:17 ; 참조, 막 10:32.

이렇게 볼 때, 예수님이 고난 주간 동안 제자들을 자기의 시야에서 좀체로 벗어나지 못하게 하신 것은 놀랄 일이 아니다. 주께서 겟세마네에서 홀로 기도하실 때에도 제자들은 돌 던져 닿을 만한 거리 안에 있었다눅 22:41. 사별할 시간이 가까워 올 때 어떤 가족에게나 있는 일이 아닌가? 육체적으로 그토록 가깝게 지낼 수 있는 시간이 곧 지나갈 것을 잘 알기 때문에 일분 일초가 소중한 것이다. 이와 같은 상황에서 한 말들은 언제나 더 소중하기 마련이다.

실로 마지막 순간이 다가올 때가 되어서야 비로소 그리스도의 제자들은 주님이 그들과 계셨던 깊은 뜻을 충분히 깨달을 준비가 되었던 것이다요 16:4. 의심할 나위 없이 이 점이 바로 복음서의 저자들이 마지막 며칠에 다 그토록 많은 관심을 기울인 이유이다. 예수님에 대하여 기록한 모든 것

중 절반 이상이 그의 생애 마지막 몇 달에 일어났으며, 그 대부분은 마지막 주간에 일어났다.

예수께서 걸어오신 삶의 방향은 부활 후 지내신 기간에 가장 잘 나타난다. 흥미롭게도 열 번에 걸친 그리스도의 부활 후 출현은 모두 그의 추종자들, 특히 선택된 사도들에게였다.[2] 성경을 보면, 단 한 사람의 불신자도 영광스럽게 되신 주님을 뵙는 것이 허용되지 않았다. 그러나 그것은 이상한 일이 아니다. 주님의 놀라운 출현으로 일반 대중을 흥분시킬 필요가 없었다. 그들이 무엇을 할 수 있었겠는가?

하지만 십자가 처형 후에 절망하여 도망쳤던 제자들은 믿음이 되살아나고 세상을 향한 사명을 재확인할 필요가 있었다. 예수님의 모든 사역은 그들을 중심으로 전개되었다.

바로 그것이었다. 예수님이 소수의 제자들에게 투자하신 시간은 다른 사람들과 함께하신 시간에 비하면 훨씬 더 많았기 때문에 그것을 의도적인 전략으로 여길 수밖에 없다.

주님은 실제로 세상에 있는 다른 모든 사람들보다 제자들과 함께 더 많은 시간을 보내셨다. 그들과 함께 잡수셨고, 함께 주무셨고, 모든 적극적 사역의 대부분을 그들과 함께 말씀하셨다. 그들은 한적한 길을 함께 걸었고, 사람들로 붐비는 도시를 함께 방문했고, 바다에서 함께 배를 타고 고기를 잡았으며, 광야와 산에서 함께 기도했으며, 회당과 성전에서 함께 예배를 드렸다.

---

2) 이 사실은 제자들도 인상 깊게 인식하고 있었는데, 베드로가 한 말을 보면 알 수 있다. "하나님이 사흘 만에 다시 살리사 나타내시되 모든 백성에게 하신 것이 아니요 오직 미리 택하신 증인 곧 죽은 자 가운데서 일어나신 후 모시고 음식을 먹은 우리에게 하신 것이라"(행 10:40–41).

대중에 대한 사역도 계속하심

우리는 또한 예수께서 다른 사람들에게 사역하시는 동안에도 제자들이 항상 그곳에 주님과 함께 있었다는 점을 지나쳐서는 안 된다. 자기를 에워싸고 밀치는 무리들에게 말씀하실 때나, 자기를 책잡으려고 노리는 서기관들과 바리새인들과 말씀을 나누실 때나, 길거리에서 어떤 외로운 거지에게 말씀하실 때나 제자들은 가까이서 지켜보고 귀를 기울였다.

이렇게 예수님의 시간은 두 가지로 사용되었다. 도움이 필요한 사람들에게 정기적 사역을 게을리하지 않으면서도 제자들을 곁에 있게 함으로 그들에 대한 사역도 함께하셨다. 그리하여 제자들은 주께서 개인적으로 해주신 설명과 상담 외에도 주님이 다른 사람들에게 말씀하시고 행하신 모든 것에서 유익을 얻었다.

이것은 시간이 걸린다

그처럼 가까이 늘 함께 지냈다는 것은, 사실상 예수님에게는 그 자신의 것이라고 주장할 만한 시간이 없었다는 것을 뜻한다. 아버지의 관심을 극성스럽게 끄는 어린아이들처럼 제자들도 항상 주님의 발 아래 있었다. 주님이 개인적으로 기도하기 위해 혼자 있으려고 떼어 놓으신 시간조차도 제자들의 필요 때문에 방해받기 일쑤였다막 6:46-48 ; 참조, 눅 11:1.

그러나 예수님은 그것을 달리 어떻게 해보려고 하지 않으셨다. 주님은 그들과 함께 있기를 원하셨다. 그들은 주님의 영적 자녀들이었으며막 10:24 ; 요 13:33, 21:5, 따라서 아버지가 가정을 잘 일으킬 수 있는 유일한 방법은 그들과 함께 지내는 것이었다.

양육의 토대

이 원리만큼 그 적용이 소홀히 되고 있는 것도 없다. 왜냐하면 이 원리는 본래 그 자체가 주의를 환기시키지 않으며 사람들은 평범한 것은 지나쳐 버리는 경향이 있기 때문이다. 그러나 예수님은 제자들이 그것을 놓치게 할 수는 없으셨다. 주님은 특히 마지막 며칠 동안, 자기가 해 오신 일을 그들의 생각 속에 분명하게 해두실 필요를 느끼셨다.

예를 들면, 한 번은 3년 동안 자기를 따라다녔던 사람들을 향해 예수님은 말씀하셨다. "너희도 처음부터 나와 함께 있었으므로 증거하느니라"요 15:27. 어떠한 과장 없이 세상 사람들은 모르는 가운데 예수님은 자기가 떠난 후 자신의 증인이 될 사람들을 훈련해 오셨다고 말씀하셨는데, 그 훈련 방법은 단순히 "그들과 함께" 지내는 것이었다. 참으로 주께서 다른 경우에 말씀하신 것처럼, 그들이 영원한 나라에서 주님의 식탁에 앉아 먹고 마시며 이스라엘의 열두 지파를 심판하는 보좌에 앉을 지도자로 임명된 것도 주께서 시험받을 때 그들이 "계속 그와 함께" 있었기 때문이었다눅 22:28-30.

그러나 이러한 개인적 양육의 원리가 열두 사도에게만 국한되었다고 가정하는 것은 잘못이다. 예수님이 소수의 선택한 사람들에게 집중하신 것은 사실이지만 정도는 약간 덜하고 다양할지라도 자기를 따랐던 다른 사람들에게도 동일한 관심을 나타내셨다. 예를 들면, 여리고 거리에서 회심한 삭개오의 집에 들어가서눅 19:7 그 도시를 떠나기 전 함께 얼마 동안 계셨다. 사마리아의 우물가에서 한 여인이 회심한 후 예수님은 수가에서 이틀을 더 머무시면서, "그 여자의 증거한 말을 듣고 주님을 믿은" 그 동네 사람들을 가르치셨다.

이처럼 주께서 친히 그들과 함께 지내셨기 때문에 "더욱 많은 사람들이 믿었는데", 그것은 그 여자의 증거 때문이 아니라 그들이 주님의 말씀을 직접 들었기 때문이었다요 4:39-42. 주님의 도움을 받은 자, 예를 들면 바디매오 같은 사람이 예수님을 따르는 행렬에 끼도록 허용하신 경우도 많았다막 10:52 ; 마 20:34 ; 눅 18:43.

그와 같은 방법으로 많은 사람이 사도들 일행에 가담하였는데, 그 증거로 후기 유대 사역에 주님과 함께했던 칠십 인을 들 수 있다눅 10:1, 17. 그러나 믿는 자들 모두가 개인적 관심을 받은 건 사실이지만 열두 사도들이 받은 것에 비교할 수는 없었다.

또한 마리아와 마르다눅 10:38-42, 막달라 마리아, 요안나, 수산나, "다른 여러 여자"눅 8:1-3들처럼 자기들이 가진 것으로 주님을 섬겼던 소수의 충성스런 여인들에 대해서도 언급하지 않을 수 없다. 이 여인들 중 몇은 마지막까지 주님과 함께 있었다. 주님도 분명히 그들의 따뜻한 친절을 거절하지 않으셨으며, 종종 기회를 봐서 믿음에 도움을 주셨다. 그렇지만 예수님은 성性의 장벽을 잘 아셨기에 그들의 도움을 환영하면서도 여인들을 선택하신 제자들 속에 끌어들이려 하지 않으셨다. 이런 양육에는 여러 가지 제한이 따른다는 것을 알아야 한다.

그러나 타당성의 문제를 떠나 예수님은 이 모든 사람─남자들이건 여자들이건─에게 개인적으로 끊임없는 관심을 기울일 시간이 없으셨다. 하지만 할 수 있는 한 다하셨는데, 그것은 틀림없이 제자들에게 새로운 결신자에 대한 즉각적이고도 개인적인 보살핌의 필요성을 깨닫게 해주었을 것이다. 주님은 주로 몇몇 사람들을 가르쳐서 그 결과 그들이 다른 사람들에게 이러한 개인적 관심을 줄 수 있도록 키우는 일에 전념하셨던 것이다.

계속적 교제로서의 교회

참으로 신자 하나하나를 개인적으로 보살피는 문제는 교회의 본질과 사명을 철저하게 이해할 때만 해결된다. 여기에서 우리는 한 신자가 다른 모든 신자와 교제하게 되는 교회 원리가 나타나는 것이, 예수께서 열두 제자와 더불어 하신 것과 같은 일을 더 넓은 범위에서 실천한 것이었다는 점을 관찰하는 것이 좋다.[3] 실제로 주님을 따른 모든 사람을 양육했던 수단은 교회였다. 다시 말해 믿는 사람들의 집단이 그리스도의 몸이 되었으며, 그런 가운데 개인적, 집단적으로 서로 사역했다.

믿음의 공동체에 속한 각 구성원은 사역에서 해야 할 몫을 가지고 있었다. 그러나 이것은 그들 자신이 훈련받고 영감받을 때만 할 수 있었다. 예수께서 육체 가운데 그들과 함께 계시는 동안에는 지도자이셨지만, 그 후

---

3) 이와 관련하여 우리는 복음서에서 전체로서 "제자들"을 언급한 것이 개별적으로 제자를 언급한 것보다 더 많이 나오는 것을 관찰하게 된다. T. Ralph Morton은 이 유추에서 한 발짝 더 나아가 개개인을 언급할 때는 그들이 실패했을 경우이며, 그 제자들을 전체적으로 언급할 때는 그들의 기쁨이나 이해, 성취 등을 말한 경우가 많다고 주장한다. 이 기록들이 예수님이 아닌 영감을 받은 제자들이 쓴 것이었다는 점을 감안할 때, 그들이 자신들의 위치를 그런 용어로 표현했다는 것은 아주 의미 있는 일이다(T. Ralph Morton, op. cit., pp. 24-30, 103을 보라). 우리는 이것으로 제자들이 개인으로서는 중요하지 않았다고 추론하면 안 된다. 그렇지 않기 때문이다. 그러나 제자들이, 주님께서 그들은 같은 사명을 위해 함께 훈련받는 신자들의 단체로 보신다는 점을 이해했다는 사실은 분명하다. 그들은 그리스도를 통해 자신들을 먼저는 교회로, 다음으로는 그 몸 안에 있는 개인들로 보았던 것이다.

에는 교회 안에 있는 사람들이 이러한 지도력을 떠맡지 않으면 안 되었다. 사실은 예수께서 그들이 그 일을 할 수 있도록 가르쳐야만 했다는 것을 의미한다. 그리고 거기에는 주님 자신이 선택하신 소수의 사람들과 끊임없이 함께 지내는 일이 포함되었던 것이다.

우리의 문제

교회는 언제 이 교훈을 배우게 되는가? 대중에게 설교하는 일이 필요하긴 하지만 전도를 위한 지도자들을 준비시키는 데는 그것만으로 결코 충분하지 못할 것이다. 이따금씩 하는 기도회와 기독교 사역자들을 위한 훈련 강좌도 이 일을 해낼 수 없다. 사람들을 세우는 일이란 그렇게 쉬운 것이 아니다. 그것은 아버지가 자녀들에게 하는 것처럼 끊임없는 개인적 보살핌이 필요하다. 또한 어떤 조직이나 강좌가 할 수 있는 일이 아니다. 자녀들은 대리인의 손으로 기르지 못한다. 예수님의 본보기는, 그 일이 자기가 지도하고자 하는 사람들과 함께 지내는 사람들의 손으로만 가능하다는 것을 우리에게 가르친다.

교회는 명백히 이 점에서 실패하였고, 그것도 비극적으로 실패하였다. 교회에서는 전도와 그리스도인의 양육에 대해 말은 많이 하지만, 그러한 사역이 개인의 자유를 희생하도록 요구한다는 것이 분명한데도 개인적으로 함께 지내는 일에는 별로 관심이 없다.

물론 대부분의 교회들은 보통 한 달 가량 주일에 한 시간씩 만나는 일종의 새신자반을 통해 새 회원들을 키운다고 주장한다. 그러나 그것이 끝나면 예배와 주일학교에 출석하는 것 말고는 어떤 일정한 훈련 프로그램을 전혀 접하지 못하게 된다. 만일 새신자가 참으로 구원받았다 하더라도 실제적 방법으로 그 공백을 메워 줄 부모나 친구가 없다면, 그는 생활에서 부딪히는 수많은 현실적 문제를 스스로 해결하도록 버려진 셈이다. 그럴 경우에는 아주 사소한 문제라도 그의 믿음에 치명타가 될 수 있는 것이다.

이처럼 믿는 자들을 되는 대로 육성한다면, 신앙을 고백하고 교회에 들어온 사람들 가운데 절반 가량이 마침내 떨어져 나가거나 그리스도인의 경험의 열기를 잃어버릴 것이다. 그리고 오직 적은 수만이 충분한 지식과 은혜에서 성장하여 하나님의 나라를 위해 실제적인 봉사를 하게 될 수밖에 없다는 것은 당연한 일이다. 주일 예배와 신자 훈련반이 교회가 초신자들을 성숙한 제자들로 양육하기 위해 마련한 프로그램 전부라면, 그것들은 거짓된 안전에 기여함으로 그 자체의 목적을 망치고 있는 것이다. 누구든지 그와 같은 나태한 본보기를 따른다면, 그것은 궁극적으로 유익보다는 해로움을 더 끼칠 것이다.

사람들과 함께 지내는 일을 대치할 수 있는 것은 결코 없으며, 그보다 더 적은 것으로 강력한 기독교 지도자를 키울 수 있다는 생각은 어리석을 뿐이다. 결국 하나님의 아들이신 예수께서 소수의 제자들과 함께 삼 년간을 거의 끊임없이 함께 지내시는 것이 필요함을 아셨고 그런데도 그중 하나를 잃어버렸다면, 어떻게 교회가 일년 중 며칠 동안의 훈련 프로그램을 기초로 이 일을 해내리라고 기대할 수 있겠는가?

오늘날 적용되는 원리

분명히 예수님의 정책은, 교회가 어떤 양육 방법을 채택하든 간에 기본적으로 자기들이 맡은 사람들에 대해 개인적으로 보호자적 관심을 가져야 한다는 것을 우리에게 가르친다. 그렇게 하지 않는 것은 근본적으로 새 신자들을 마귀에게 내어주는 것이다.

이것은 각각의 결신자에게 그가 다른 사람을 지도할 수 있을 때까지 따라다닐 그리스도인 친구를 묶어 주는 어떤 체제를 찾아야 한다는 것을 뜻한다. 상담자는 그 새신자와 함께 성경을 공부하고 기도하고 질문에 답하고 진리를 명확히 설명하며 다른 사람들을 도울 수 있는 길을 함께 찾아야 한다. 교회에 이런 봉사를 기쁜 마음으로 하려는 헌신된 상담자가 없다면, 그렇게 할 사람들을 훈련해야 한다. 그리고 그들을 훈련할 유일한 길은 그들에게 따를 지도자를 주는 것이다.

이것이 그 일을 어떻게 할 수 있느냐는 질문에 대한 답이지만, 이 방법은 따라다니는 사람들이 배운 것을 실천할 때만 그 목적을 달성한다는 것을 이해할 필요가 있다. 그러므로 주님의 전략에서 또 하나의 기본 원리를 이해해야 한다.

성별
Consecration
THE MASTER PLAN OF EVANGELISM 제 3 장

나의 멍에를 메라 _ 마태복음 11:29

주님은 순종을 요구하셨다

예수께서는 함께 지냈던 사람들이 자기에게 순종하기를 바라셨다. 약삭빠르기를 바라지 않고 충실하기를 원하셨다. 그것은 그들의 구별되는 특징이 되었다. 그들을 주님의 "학생" 또는 "생도"라는 의미에서 주의 "제자"라고 불렀다. 그들을 "그리스도인"이라고 부르기 시작한 것은행 11:26 훨씬 후의 일이었다. 그것이 필연적이기는 하지만 때가 되면 순종하는 제자들은 스승의 인격을 반드시 닮아 가기 때문이다.

이 접근 방법의 단순성은 놀라운 것이다. 제자들은 분명히 예수님을 메시아로 인식하고 있었지만요 1:41, 45, 49 ; 눅 5:8, 처음에는 제자 중 아무도 신앙 고백을 하지 않았고 또 잘 정돈된 신조를 받아들이라는 요구도 받지 않았다. 당장 그들이 요구받은 것은 예수님을 따르라는 것뿐이었다.

물론 그들이 처음에 받은 초청에는 분명히 그리스도라는 인물에 대한 믿음과 그의 말씀에 대한 순종의 요구가 포함되어 있었다. 이것이 처음부터 이해되지 않았다면, 그들이 주님과 더불어 지내는 동안 그 점을 깨닫게 되었을 것이다. 아무도 자기가 믿지 못하는 사람을 따르지 않을 것이며, 지도자의 말에 순종할 마음이 없다면 진실하게 믿음의 발걸음을 옮기지 못할 것이다.

십자가의 길

예수님을 따르는 일이 처음에는 쉬워 보였지만, 그것은 멀리 따라가 보지 못했기 때문이었다. 오래지 않아 그리스도의 제자가 된다는 것은 메시아 약속을 즐겁게 받아들이는 것을 넘어 훨씬 더 많은 것을 포함한다는 것이 분명해졌다.

그것은 주님의 주권에 절대 복종하여 자기의 전생애를 그에게 맡긴다는 뜻이었다. 타협이란 있을 수 없었다. "집 하인이 두 주인을 섬길 수 없나니 혹 이를 미워하고 저를 사랑하거나 혹 이를 중히 여기고 저를 경히 여길 것임이니라 너희가 하나님과 재물을 겸하여 섬길 수 없느니라"눅 16:13.

죄를 완전히 버리지 않으면 안 되었다. 옛 사고방식과 습관, 세상의 쾌락 등을 버리고 하나님 나라의 새 규율을 따라가야만 했다마 5:1, 7:29 ; 눅 6:20-49. 이제는 온전한 사랑이 행위의 표준이 되었으며마 5:48, 이 사랑은 그리스도께 순종하여요 14:21, 23 그가 구원하기 위해 죽으신 사람들에 대한 헌신으로 나타나지 않으면 안 되었다마 25:31-36. 그 사랑에는 십자가―다른 사람들을 위해 기꺼이 자기를 부인하는 것-가 들어 있었다막 8:34-38, 10:32-45 ; 마 16:24-26, 20:17-28 ; 눅 9:23-25 ; 요 12:25-26, 13:1-20 등.

이것은 강력한 가르침이었기 때문에 받아들일 수 있는 사람들은 많지 않았다. 그들은 떡과 생선으로 배를 채워 주셨을 때는 추종자들 속에 끼기를 좋아했지만, 예수께서 하나님 나라의 참된 영적 특성과 그것을 이루는 데 필요한 희생에 대해 말씀하시기 시작하자요 6:25-59 제자들 중 많은 사람이 "물러가고 다시 그와 함께 다니지 아니하였다"요 6:66. 그들이 "이 말씀은 어렵도다 누가 들을 수 있느냐"요 6:60고 말한 것은 옳았다.

놀라운 사실은 예수께서는 그들이 남아 회원 노릇을 하도록 하기 위해 쫓아다니지 않으셨다는 것이다. 주님은 하나님 나라의 지도자들을 훈련하고 계셨으며, 그들이 적합한 봉사의 그릇이 되려면 대가를 지불하지 않으면 안 되었던 것이다.

비용을 계산해야 함

끝까지 그 길로 갈 뜻이 없었던 사람들은 차차 뒤로 쳐졌다. 그들은 이기심 때문에 무리에서 떨어져 나갔다. 마귀로 드러난 유다는요 6:70 끝까지 따랐지만, 마침내 자기의 탐욕에 덜미를 잡히고 말았다막 14:10-11, 43-44 ; 마 26:14-16, 47-50 ; 눅 22:3-6, 47-49 ; 요 18:2-9. 누구도 세상에서 벗어나 돌아서지 않고는 결코 예수님을 따를 수가 없었으며, 그런 체했던 사람들은 자기 영혼에 고뇌와 비극만 가져다 주었다마 27:3-10 ; 행 1:18-19.

아마 예수께서 자기에게 와서 "선생님, 어디로 가시든지 저는 따르겠습니다." 하고 말한 서기관에게 그처럼 호되게 말씀하신 이유도 바로 여기에 있었을 것이다. 예수께서는 섬김을 자원하는 사람에게 그 일이 쉽지 않을 거라고 솔직하게 말씀하셨다. "여우도 굴이 있고 공중의 새도 거처가 있으되 오직 인자는 머리 둘 곳이 없다"마 8:19-20 ; 눅 9:57-58.

한 제자는 집에 가서 늙은 아버지를 돌보기 위해 눈앞의 의무를 면제받기 원했지만 예수님은 연기해 주지 않으셨다. "죽은 자들로 자기의 죽은 자들을 장사하게 하고 너는 가서 하나님의 나라를 전파하라"마 8:21-22 ; 눅 9:59-60.

또 다른 제자는 예수님을 따르겠다는 뜻을 비쳤으나 자기 나름의 생각에서였다. 그는 먼저 자기 가족에게 작별을 고하기를 원했는데, 아마도 유쾌하고 즐거운 시간을 기대하고 있었을 것이다. 그러나 예수님은 분명하게 말씀하셨다. "손에 쟁기를 잡고 뒤를 돌아보는 자는 하나님의 나라에 합당치 아니하니라"눅 9:62. 예수님은 제자 되는 일을 제멋대로 이해하려는 사람들에게 쪼개 줄 시간도 욕구도 없었다.

따라서 제자가 되려는 사람들에게는 비용을 계산하도록 하셨다. "너희 중에 누가 망대를 세우고자 할진대 자기의 가진 것이 준공하기까지에 족할는지 먼저 앉아 그 비용을 계산하지 아니하겠느냐"눅 14:28. 그렇지 않으면 나중에 세상 사람들의 비웃음을 살게 뻔한 일이었다.

이것은 전쟁에서 싸움을 시작하기 전에 승리하기 위해 치러야 할 대가를 생각하지 않는 왕과 마찬가지일 것이다. 예수님은 이것을 한마디로 요약하여 "이와 같이 너희 중에 누구든지 자기의 모든 소유를 버리지 아니하면 능히 내 제자가 되지 못하리라"고 말씀하셨다눅 14:33 ; 참조, 막 10:21 ; 마 19:21 ; 눅 18:22.

대가를 지불할 사람은 극소수

사실상 기회주의자들이 예수께서 자기들의 기대를 만족시켜 주지 못할 것이라 하여 가버나움에서 떠나자, 예수께는 몇 안 되는 제자들만 남게 되었다. 열둘을 향하여 주님은 물으셨다. "너희도 가려느냐"요 6:67. 이것은 매우 중대한 질문이었다. 이 소수의 사람들마저 따르기를 포기한다면 주님의 사역에서 뭐가 남겠는가? 그러나 시몬 베드로가 이렇게 대답하였다. "주여 영생의 말씀이 계시매 우리가 뉘게로 가오리이까 우리가 주는 하나님의 거룩하신 자신 줄 믿고 알았삽나이다"요 6:68-69.

제자가 한 이 말에 주님은 틀림없이 위안받으셨을 것이다. 왜냐하면 그 후로 예수님은 제자들과 더불어 자기의 고난과 죽음에 대해 더 많이 그리고 더 솔직하게 말씀을 나누기 시작하셨기 때문이다.[1]

---

1) 예수님은 군인들에게 체포되시기 전에 적어도 열여섯 번 자기의 고난과 죽음에 관해 말씀하셨다. 주께서 처음에 하신 언급들은 신비에 싸여 있었지만 거기에 담긴 뜻은 분명했다-자기 몸을 성전 파괴에 비유하심(요 2:19), 인자가 구리 뱀처럼 높이 들릴 것이라는 언급(요 3:14), 신랑인 자기가 빼앗길 날에 관한 말씀(막 2:20 ; 마 9:15 ; 눅 5:35), 자기 자신을 나누어 먹을 생명의 떡에 비유하심(요 6:51-58), 선지자 요나의 표적을 주시겠다는 말씀(마 16:4) 등. 베드로가 가이사랴 빌립보에서 대담한 고백을 한 직후 예수님은 제자들에게 "인자가 많은 고난을 받고 장로들과 대제사장들과 서기들에게 버린 바 되어 죽임을 당하고 사흘 만에 살아나야 할 것을" 더 과감하게 말씀하시기 시작했다(막 8:31 ; 마 16:21 ; 눅 9:22). 그 후 주님은 제자들과 함께 갈릴리를 지나가실 때 자기의 죽음과 부활에 대해 상세하게 예고하셨으며(막 9:30-32 ; 마 17:22-23 ; 눅 9:43-45), 베뢰아에서의 사역 후 마지막으로 예루살렘을 향해 올라가는 길에도 다시 말씀하셨다(막 10:33-34 ; 마 20:18-19 ; 눅 18:32-33). 변화산 위에서 모세 및 엘리야와 더불어 나누신 대화의 주제도 그의 죽음이었다(눅 9:31). 또한 선지자가 예루살렘 밖에서는 죽는 법이 없다는 말씀(눅 13:33)과 그가 영광 가운데 돌아오기 전에 먼저 사람들에게 고난과 거부를 당할 것이라는 말씀(눅 17:25)도 그의 죽음을 암시했다. 주님은 자신을 "양들을 위하여 목숨을 버리는" 선한 목자(요 10:11, 18)와 땅에 떨어져 죽지 않으면 열매를 맺을 수 없는 한 알의 밀알(요 12:24)에 비유하셨다. 마지막 유월절이 되기 며칠 전에 예수님은 다시 제자들에게 자기가 "십자가에 못박히기 위하여 팔리울" 것을 상기시키셨으며(마 26:2), 같은 날 문둥이 시몬의 집에서 마리아가 주님의 발에 쏟은 값진 향유는 자신의 장사를 준비한 것이었다고 설명하셨다(막 14:8 ; 마 26:12). 끝으로, 제자들과 최후의 만찬을 나누실 때 예수님은 자신의 임박한 고난을 말씀하시고(눅 22:15), 떡을 떼고 포도주를 나누심으로 그의 죽음을 기념하도록 하셨다(막 14:22-25 ; 마 26:26-29 ; 눅 22:17-20).

순종하는 것이 배우는 것이다

그러나 이것은 제자들이 주께서 말씀하신 모든 것을 재빨리 이해했다는 의미가 아니다. 전혀 그렇지 않았다. 주님의 대속적 사역에 담긴 더 깊은 진리들을 파악하는 그들의 능력은 인간의 연약함이 갖는 모든 한계들을 벗어나지 못했다.

가이사랴 빌립보에서의 위대한 고백이 있은 후 예수께서 제자들에게 자신이 예루살렘에서 종교 지도자들의 손에 죽을 거라고 말씀하셨을 때, 베드로는 사실상 주님을 꾸짖었다. "주여 그리 마옵소서 이 일이 결코 주에게 미치지 아니하리이다"마 16:22 ; 참조, 막 8:32. 이에 대해 예수님은 베드로에게 사탄이 그를 속이고 있다고 말씀하셨다. "네가 하나님의 일을 생각지 아니하고 도리어 사람의 일을 생각하는도다"마 16:23 ; 막 8:33. 그러나 이것으로 끝난 것은 아니었다. 거듭거듭 예수님은 그들에게 자신의 죽음과 그 뜻에 관해 말씀하셨지만, 주께서 배반당하여 적들의 손에 넘겨지는 그날까지 제자들은 진정으로 이해하지 못했다.

물론 그들은 십자가에 담긴 뜻을 분명하게 이해하지 못했기 때문에 처음에는 하나님 나라에서의 그들의 위치를 이해하는 데 어려움을 겪었다. 그들로서는 자기를 낮춰 다른 사람들을 섬겨야 한다는 가르침을 받아들이기가 어려웠다눅 22:24-30 ; 요 13:1-20. 그들은 천국에서 누가 가장 위대하게 될 것인지 입씨름을 했다막 9:33-37 ; 마 18:1-5 ; 눅 9:46-48. 야고보와 요한은 가장 높은 자리에 오르길 원했으며막 10:35-37 ; 마 20:20-21, 다른 열 제자들은 시기심을 보이면서 그것에 분개했다막 10:41 ; 마 20:24. 그들과 생각이 다른 사람들을 판단할 때는 지나치게 가혹했다눅 9:51-54. 그들은 예수께

와서 자기 자녀에게 축복해 주시기를 바랐던 부모들에 대해 "화"를 냈다막 10:13. 분명히 그리스도를 따르는 것이 뜻하는 바를 실제로는 충분히 이해하지 못했던 것이다.

그렇지만 예수님은 자신이 선택하신 제자들의 인간적 약점들을 참을성 있게 인내하셨는데, 이는 비록 그들이 많이 부족했지만 주님을 기꺼이 따르고자 했기 때문이다. 그들은 처음 부르심을 받은 후, 고기잡이로 되돌아간 짧은 기간이 있었지만막 1:16 ; 마 4:18 ; 눅 5:2-5 ; 참조, 요 1:35-42, 그것은 어떤 불순종의 행위로 발생한 일이 아니었던 것 같다.

그들은 단지 자기들을 지도자로 삼으려는 주님의 의도를 미처 깨닫지 못했거나, 어쩌면 그런 말을 아직 듣지 못했었을 것이다. 그렇지만 주께서 그들의 일터에 나타나 그들더러 사람을 낚는 어부가 되기 위해 따라오라고 말씀하신 때부터, "그들은 모든 것을 버려두고 그를 좇았다"눅 5:11 ; 참조, 마 4:22 ; 막 1:20. 그 후로는 비록 배워야 할 것이 많았지만 그리스도에 대한 헌신은 변함이 없었다고 말할 수 있다막 10:28 ; 마 19:27 ; 눅 18:28.

그러한 사람들을 데리고 예수님은 그들의 영적 미성숙에서 생긴 문제들을 기꺼이 참아 내셨다. 주님은 그들이 은혜와 지식 가운데서 자라감에 따라 이런 결점들을 극복하리라는 것을 알고 계셨다. 그들이 진리를 이해하는 대로 계속 실천해 간다면 계시를 받는 그들의 능력은 커질 것이었다.

따라서 그리스도에 대한 순종이야말로 그와 함께 지내는 사람들이 더 많은 진리를 배우는 최고의 수단이었다. 그는 제자들에게 진리인 줄 모르는 것을 따르라고 하지 않으셨으며, 아무도 무엇이 참된 것인 줄 모르고서는 그를 따를 수 없었다요 7:17. 이와 같이 예수님은 제자들에게 어떤 교리가 아니라 교리 자체이신 한 분에게 일생을 바치라고 요구하셨으며, 그들은 그의 말씀을 떠나지 않을 때 진리를 알 수 있었다요 8:31-32.

사랑의 증거

최고의 순종은 사랑으로 표현하는 것이라고 말씀하셨다. 이 교훈은 그가 죽기 전날 밤에 가장 힘있게 강조되었다. 제자들과 함께 유월절 만찬을 잡수신 후, 예수님은 이렇게 말씀하셨다.

"너희가 나를 사랑하면 나의 계명을 지키리라……나의 계명을 가지고 지키는 자라야 나를 사랑하는 자니 나를 사랑하는 자는 내 아버지께 사랑을 받을 것이요 나도 그를 사랑하여 그에게 나를 나타내리라……사람이 나를 사랑하면 내 말을 지키리니 내 아버지께서 저를 사랑하실 것이요 우리가 저에게 와서 거처를 저와 함께하리라 나를 사랑하지 아니하는 자는 내 말을 지키지 아니하나니 너희의 듣는 말은 내 말이 아니요 나를 보내신 아버지의 말씀이니라……너희도 내 계명을 지키면 내 사랑 안에 거하리라……내 계명은 곧 내가 너희를 사랑한 것같이 너희도 서로 사랑하라 하는 이것이니라……너희가 나의 명하는 대로 행하면 곧 나의 친구라"요 14:15, 21, 23-24, 15:10, 12, 14.

예수께서 본을 보이심

물론 하나님의 뜻에 대한 절대적 순종이 주님의 생활을 지배하는 원리였다. 주님은 인성을 가진 자로서 아버지의 뜻에 끊임없이 순종하셨는데, 그렇기에 하나님께서 그의 생애를 뜻하신 목적에 따라 온전히 사용하실 수 있었다. 주님은 거듭 이렇게 말씀하셨다.

"나의 양식은 나를 보내신 이의 뜻을 행하며 그의 일을 온전히 이루는 이것이니라"요 4:34. "나는 나의 원대로 하려 하지 않고 나를 보내신 이의 원대로 하려는 고로"요 5:30 ; 참조, 6:38. "내가 아버지의 계명을 지켜 그의 사랑 안에 거하는 것같이"요 15:10 ; 참조, 17:4. 이것은 주님의 겟세마네의 기도로 요약될 수 있을 것이다. "내 원대로 마옵시고 아버지의 원대로 되기를 원하나이다"눅 22:42 ; 참조, 막 14:36 ; 마 26:39, 42, 44.

십자가는 하나님의 뜻을 행하시는 예수님의 순종의 최고 절정이었을 뿐이다. 그것은 순종이란 타협할 수 없다는 것, 죽기까지 드리는 헌신이라는 것을 영원히 보여주었다.

세상에 사로잡힌 종교 지도자들은 조롱을 하는 중에 무심코 진리를 말했다. "저가 남은 구원하였으되 자기는 구원할 수 없도다"막 15:31 ; 마 27:42 ; 눅 23:35. 물론 주님은 자신을 구원할 수 없었다. 주님은 자기를 구원하러 오신 것이 아니라 세상을 구원하러 오셨다. 주님은 "섬김을 받으려 함이 아니라 도리어 섬기려 하고 자기 목숨을 많은 사람의 대속물로 주려고" 오셨다막 10:45 ; 마 20:28. 주님은 "잃어버린 자를 찾아 구원하러" 오셨다눅 19:10. 주님은 모든 사람의 죄를 위해 자신을 하나님께 희생 제물로 바치려고 오셨다. 그는 죽으러 오셨다. 신성한 하나님의 율법을 만족시킬 수 있는 길이 달리 없었던 것이다.

이 십자가를 마음에 이미 받아들이셨기 때문에계 3:8 ; 참조, 행 2:32 그리스도께서는 이 땅에서의 생애 또한 하나님의 영원한 목적을 의식적으로 받아들이면서 앞으로 나아가셨다. 그러므로 예수님이 순종에 대해 말씀하셨을 때, 제자들은 한 인간 예수의 삶에 나타나는 순종의 모습을 볼 수 있었다. 예수께서 표현하신 대로 "내가 너희에게 행한 것같이 너희도 행하게 하려 하여 본을 보였노라 내가 진실로 진실로 너희에게 이르노니 종이 상전보다 크지 못하고 보냄을 받은 자가 보낸 자보다 크지 못하니 너희가 이것을 알고 행하면 복이 있을" 것이다요 13:15-17.

누구도 이 교훈을 놓칠 수 없다. 예수께서 아버지의 뜻을 행하는 데서 축복됨을 찾아내셨듯이, 그를 따르는 사람들도 바로 그것에서 발견할 것이다. 그것이 바로 종의 유일한 임무다. 그것이 그리스도께 해당되었거든 하물며 그의 제자들에게랴! 눅 17:6-10 ; 참조, 8:21 ; 막 3:35 ; 마 12:50

핵심 원리

어쨌든 전략적 관점에서 볼 때 순종이란 예수께서 말씀으로 그들의 생애를 그의 목적에 맞게 빚어내실 수 있는 유일한 방법이었다. 순종이 없이는 제자들의 성품이나 목적에 발전이 있을 수 없었다. 아버지는 아들이 자기를 닮게 하려면 순종하도록 가르쳐야 한다.

또 기억할 것은 예수께서 교회의 정복 사업을 이끌 사람들을 만들고 계셨으며, 누구든지 먼저 지도자 따르기를 배우지 않고는 결코 지도자가 될 수 없다는 것이다. 그래서 주님은 제자들에게 훈련의 필요성과 권위에 대한 순종을 연습시키면서 병졸들을 장래의 사령관으로 길러 내셨다. 주님의 명령에 복종치 않는다는 것은 있을 수 없었다.

그들에 대항하는 사탄의 흑암의 세력은 전도에 대한 노력을 헛되게 만들기 위해 조직과 무장을 잘 갖추고 있다는 것을 예수님보다 더 잘 아는 사람은 없었다. 그들은 승리의 전략을 홀로 알고 계시는 분에게 단단히 붙어 있지 않으면 이 세상의 마귀의 세력을 능가할 수 없었다. 이것은 주님의 뜻에 대한 절대적 순종을 요구했고, 결국 자신의 뜻에 대한 철저한 포기를 의미했다.

오늘날 적용되는 원리

오늘날 이 교훈을 다시 배워야 한다. 그리스도의 명령에 꾸물거리고 있을 수가 없다. 우리는 삶과 죽음의 문제인 전쟁에 가담하고 있으며, 따라서 우리의 책임에 무관심하고 있는 날은 그리스도의 대의大義에서 볼 때 잃어버린 날이다. 제자의 임무에 관한 가장 기본적인 진리만 배웠다 할지라도 우리는 주님의 종으로서 그의 말씀에 순종하도록 부름을 받았다는 것을 알아야 한다.

우리의 임무는 주님이 그렇게 말씀하시는 이유를 따지는 게 아니라 그의 명령을 수행하는 것이다. 아무리 우리의 이해가 미숙하다 할지라도 주님이 지금 우리에게 바라고 계시는 것을 알면서도 그 모든 일에 이러한 헌신을 드리지 않는다면, 우리가 그의 생명과 사명 안에서 전진하게 될 것인지 의심스럽다. 하나님 나라에는 태만한 사람들이 발붙일 자리가 없다. 왜냐하면 그러한 태도는 은혜와 지식 안에서 자라는 것을 가로막을 뿐 아니라, 전도해야 할 세상의 싸움터에서 아무 짝에도 쓸모가 없기 때문이다.

우리는 오늘날 신앙을 고백한 그토록 많은 그리스도인이 왜 그처럼 성장하지 못하고 증거하는 데 비효율적인지 물어야 한다. 이 질문을 더 큰 맥락에서 한다면, 현대 교회는 세상에 대한 증거에 왜 그처럼 좌절을 느끼고 있는가? 그것은 성직자나 평신도를 가리지 않고 하나님의 명령에 전반적으로 무관심하거나, 적어도 일종의 무사안일주의에 빠져 있기 때문은 아닌가? 십자가의 순종은 어디로 갔는가? 곰곰이 생각해 보면 참으로 자기 부정과 헌신에 대한 그리스도의 가르침은 편의주의라는 일종의 "너 좋을 대로 하라"는 철학으로 대치되어 버렸다는 것을 알게 된다.

큰 비극은 이런 상황을 깨닫고 있는 사람들마저도 그것을 바로잡기 위한 노력을 별로 하지 않는다는 것이다. 분명히 지금 필요한 것은 절망이 아니라 행동이다. 교회의 회원이 되는 조건이 그리스도의 제자의 참된 모습에 의해 해석되고 강화되어야 할 때다.

그러나 이런 조치만으로는 안 된다. 신자들에게는 지도자가 필요하다. 이것은 교회 회원제도에 손을 대기 전에 교회 직분자들에게 무슨 조치가 내려져야 한다는 뜻이다. 이 과업이 너무 커 보인다면, 소수의 선택된 사람들을 모아 그들에게 순종의 의미를 심음으로 예수님이 하셨던 것처럼 시작해야 할 것이다.

이 원리를 받아들여 실천할 때 우리는 주님의 정복 전략의 다음 단계에 따라 온전히 발전해 갈 수 있게 된다.

분여
Impartation
THE MASTER PLAN OF EVANGELISM 제 4 장

성령을 받으라 _ 요한복음 20:22

주님은 자신을 주셨다

예수님은 자신을 따르는 자들이 순종하기를 원하셨다. 이 진리를 인정할 때, 제자들이 주님의 영을 더 깊이 체험하게 되리라는 것을 아셨다. 그리고 그들이 주님의 영을 받으면 잃어버린 세상에 대한 하나님의 사랑을 알게 될 것이었다. 그런 이유로 제자들은 자기들에게 하신 주님의 명령들을 두말없이 받아들였다. 제자들은 그들이 단지 어떤 법을 지키는 게 아니라 그들을 사랑하며 그들을 위해 기꺼이 자신을 주시려는 분에게 응답하고 있다는 것을 이해했다.

주님의 생애는 주시는 생애였다. 곧 아버지께서 그에게 주신 것을 거저 주셨다요 15:15, 17:4, 8, 14. 주께서 환난을 이기실 때 사용한 자신의 평안을 주셨다요 16:33 ; 참조, 마 11:28. 주님은 자기를 둘러싼 고통과 슬픔 속에서도 떠나지 않았던 기쁨을 주셨다요 15:11, 17:13. 음부의 권세가 결코 이기지 못할 그의 나라의 열쇠를 주셨다마 16:19 ; 참조, 눅 12:32. 참으로 그가 아버지 안에서 하나인 것같이 그들 모두 하나가 되도록 하기 위해, 세상에 만들어지기 전에 그의 것이었던 영광을 그들에게 주셨다요 17:22, 24. 주님은 자기가 가진 모든 것을 주셨다. 아무것도 감추지 않고 자신의 목숨까지도 주셨다.

사랑은 그런 것이다. 언제나 자신을 주는 것이다. 자기에 머무를 때, 그것은 사랑이 아니다. 이런 의미에서 예수님은 "하나님이 세상을 이처럼 사랑하사"요 3:16에 담긴 뜻을 제자들 앞에 분명히 보여주신 것이다. 그 말은 하나님께서는 사랑하는 사람들에게 자기에게 있는 모든 것, 심지어 자기의 "독생자"까지 주셨다는 뜻이다. 아들로서는 그 사랑을 몸으로 나타내서서 자신의 삶의 권리를 포기하고 자기 생명을 세상을 위해 주셨다는 뜻이다. 이 사실—아들이 세상을 대신하신—에 비추어 볼 때만 우리는 비로소 십자가를 이해할 수 있게 된다.

그렇지만 아들을 주신 사랑을 인정하더라도 그리스도의 십자가가 없어서는 안 된다. 왜냐하면 하나님의 무한한 사랑은 오직 무한한 방법으로만 표현될 수 있기 때문이다. 사람이 자기의 죄로 죽어야 했던 것처럼 하나님은 자기의 사랑으로 아들을 우리 대신 죽도록 보내야만 했던 것이다. "사람이 친구를 위하여 자기 목숨을 버리면 이에서 더 큰 사랑이 없나니" 요 15:13.

전도의 강권

이러한 이유로 주님은 기회를 놓치지 않고, 잃어버린 세상을 향한 하나님의 사랑으로 불타오르는 자신의 영혼의 깊은 충동을 제자들에게 주입했던 것이다. 주님이 행하고 말한 것들은 하나같이 불타는 정열에서 흘러나왔다. 주님의 생애는 단순히 자기를 위해 한 백성을 구원하시려는 하나님의 영원한 목적을 때에 맞춰 드러내는 것이었다. 무엇보다도 이것이 바로 제자들이 이론으로가 아니라 실제로 배워야 할 것이었다.

또한 이것은 날마다 여러 가지 방법으로 그들 앞에서 실행되었다. 그 시범은 예수께서 그들의 발을 씻기실 때처럼요 13:1-20 받아들이기가 몹시 힘든 경우도 많았지만 주님의 의도를 놓칠 수 없었다. 그들은 주님이 어떻게 세상의 많은 안락과 즐거움을 거절하고 그들 가운데서 종이 되셨는가를 보았다. 그들이 선망하는 것들-육체적 만족, 대중의 박수 갈채, 명성 등-을 주님이 어떻게 거부하는가도 보았으며, 그들이 피하려고 하는 것들-가난, 굴욕, 슬픔, 심지어 죽음까지도-을 주님이 어떻게 그들을 위해 기꺼이 받아들이는가도 보았다.

주님이 병자들을 돕고 슬픈 자들을 위로하며 가난한 자들에게 복음을 전파하는 것을 그들이 볼 때, 하나님의 영광을 위한 것이라면 아무리 작은 봉사라도 작게 여기지 않으시고 아무리 큰 희생이라도 크게 여기지 않으신다는 것이 분명해졌다. 그들이 항시 그것을 이해하지 못했을지도 모르며, 잘 설명할 수 없었던 것도 분명하지만 결코 모르고 지나칠 수는 없었던 것이다.

자신을 거룩하게 하심

다른 사람들에 대한 사랑의 봉사를 통해 자신을 하나님께 거룩하게 드리는 일을 끊임없이 새롭게 하신 것이 예수님의 성화였다. 이것은 그의 대제사장적 기도에 분명히 나타나 있다. "아버지께서 나를 세상에 보내신 것같이 나도 저희를 세상에 보내었고 또 저희를 위하여 내가 나를 거룩하게 하오니 이는 저희도 진리로 거룩함을 얻게 하려 함이니이다" 요 17:18-19.

"거룩하게 한다"는 단어에 암시되어 있는, 자신을 하나님께 구별해 드리는 일이 예수님의 경우에는 깨끗하게 하기 위해 필요한 것이 아니었다. 주님은 항상 순결하셨기 때문이다. 또 봉사를 위한 능력을 받기 위해 필요한 것도 아니었다. 예수님은 이미 사용하실 수 있는 모든 능력을 갖추고 계셨기 때문이다. 오히려 성화는 문맥에 드러나 있는 대로 자기가 "세상에 보냄을 받은" 과업에 대한 수행에 있었고,[1] 그 전도의 목적에 헌신함으로 주님은 끊임없이 자기 생명을 "저희들을 위하여" 주셨던 것이다.

그렇다면 주님의 성화는 자신의 유익을 위한 것이 아니라 제자들을 위한 것으로서 그들이 "진리 안에서 거룩함을 얻게" 하려는 것이었다.[2] 다

---

[1] 성화는 요한복음 10:36에서 예수님과도 관련해 사용되었다. 거기서도 역시 그 개념은 근본적으로 전도에 적용되고 있다.
[2] "거룩하게 하다"라는 단어의 시제는 예수님의 성화와 제자들의 성화 사이의 중요한 차이점을 하나 밝혀 준다. 주님의 성화에 쓰인 단어는 현재직설법으로서 계속적인 상황을 가리킨다—"나는 계속해 나 자신을 거룩하게 합니다." 반면에 예수께서 다음 구절에서 제자들을 가리킬 때는 완료수동분사가 "얻게"(to be)라는 말과 함께 사용되어, 제자들의 성화에는 명확한 헌신의 고비가 있음을 뜻하는 해설적 구조(paraphrastic construction)를 이루고 있다. 물론 강조점은 대체적으로 여전히 그 고비 후의 계속적인 결과에 놓여 있다. 따라서 요한복음 17:19을 자유롭게 확대 번역한다면 이렇게 될 것이다. "그들을 위하여 나는 끊임없이—순간순간—전도하는 일에 대한 헌신을 새롭게 하며, 나의 생애를 위한 하나님의 목적을 달성하는 데 필요한 어떠한 희생도 기꺼이 치르겠다. 또 나는 하나님의 일을 장래에 계속 수행하려면 다른 어떤 것도 충분하지 못할 줄을 알기 때문에 너희들에게도 같은 것을 요구한다. 나는 너희들이 나가서 내 일을 하도록 임명했지만, 너희들이 잃어버린 세상에 대한 나의 자비를 참으로 느끼려면, 너희 존재의 모든 것과 너희 소유의 모든 것을 세상 전도에 대한 하나님의 계획에 온전히 헌신하고 생애에서 날마다 그것을 계속해 가야 할 것이다." 마음속 깊이 새겨진 그러한 헌신은 다른 무엇보다도 세계의 복음화를 위해 더 많은 열매를 맺을 거라고 나는 믿는다. 참으로 그것은 성화된 생활에서 더 많이 강조되어야 할 차원이다.

시 말해, 예수님은 자신을 하나님께 바침으로 함께 있는 사람들이 자신의 삶을 통해 자기가 세상에 오신 사명에 대해 헌신하신 것과 비슷한 헌신을 알도록 자신을 그들에게 준 것이었다. 주님의 전체적인 전도 계획은 이러한 헌신과 그 결실로 말미암아 제자들이 사랑 가운데서 그들 자신을 세상에 바친 충성을 주축으로 이루어졌다.

사역의 신임장

이것은 그들이 주님의 이름으로 하는 자신들의 봉사를 가늠해 보아야 할 척도였다. 그들은 자기들이 받은 것만큼 거저 주어야 했다마 10:8. 그들은 주님이 자기들을 사랑한 것처럼 서로 사랑해야 했다요 13:34-35. 이런 증거에 의해 그들은 주님의 제자가 되어야 했다요 15:9-10. 여기에 주님의 모든 계명이 들어 있었다요 15:12,17 ; 참조, 마 22:37-40 ; 막 12:30-31 ; 눅 10:27. 사랑, 즉 갈보리의 사랑이 표준이었다. 그들이 3년 동안 본 것과 똑같이, 제자들은 아버지께서 사랑하시고 스승이 목숨까지 내어 주신 사람들에게 이기심 없는 헌신 가운데 자신들을 주어야만 했다요 17:23.

자신을 통한 그런 사랑의 나타냄이야말로 복음이 참되다는 것을 세상에 알리는 방법이 되어야 했다. 달리 어떻게 일반 대중이 납득할 수 있겠는가? 사랑이야말로 사람들의 자유로운 반응을 얻는 유일한 방법이며, 이것은 가슴속에 그리스도께서 임재해 계실 때만 가능하다. 그래서 예수님은 이렇게 기도하셨다.

"의로우신 아버지여 세상이 아버지를 알지 못하여도 나는 아버지를 알았삽고 저희도 아버지께서 나를 보내신 줄 알았삽나이다 내가 아버지의 이름을 저희에게 알게 하였고 또 알게 하리니 이는 나를 사랑하신 사랑이 저희 안에 있고 나도 저희 안에 있게 하려 함이니이다"요 17:25-26.

성령의 일하심

그리스도와 더불어 갖는 이런 경험이 인간의 재간에 의해 생길 수 있다고 생각해서는 안 된다. 예수께서는 자기의 생명이 오직 성령을 통해서만 전달된다는 것을 매우 분명히 말씀하셨다. "살리는 것은 영이니 육은 무익하니라"요 6:63. 바로 이런 이유로 사람이 거듭나지 않고는 그리스도 안에서 새 생활을 시작도 할 수 없었던 것이다요 3:3-9. 사람의 부패한 본성이 하나님의 영에 의해 바뀐 후에야 비로소 하나님의 형상으로 창조된 참된 목적에 일치될 수 있었던 것이다.

마찬가지로 제자가 지식과 은혜 안에서 계속 자라갈 때 그의 변화된 삶을 유지하고 보양하는 분도 성령이셨다요 4:14, 7:38-39. 같은 성령에 의하여 사람은 말씀으로 거룩하게 되고 거룩한 봉사를 위해 하나님께 구별되었던 것이다요 15:3, 17:17; 참조, 엡 5:26. 처음부터 끝까지 살아 계신 그리스도를 인격적으로 경험하는 것은 어떤 경우든 성령께서 하신 일이었다.

같은 증거에 의하여 사람으로 하여금 구속적인 전도 사역을 수행할 수 있게 한 것은 오직 하나님의 영뿐이었다. 예수님은 자기가 하는 일이 "성령"과 협력하여 된 것임을 선언함으로 일찍이 자신의 일과 관련하여 이 진리를 강조하셨다. 주님이 가난한 자들에게 복음을 전파하시고 마음이 상한 자들을 고치시고 포로 된 자들에게 구출을 선포하시고 눈먼 자들의 눈을 여시고 귀신들을 쫓아내시고 억눌린 자들을 해방시키신 것은 성령으로 말미암은 것이었다눅 4:18 ; 마 12:28. 예수님은 계시하시는 하나님이셨지만 성령은 활동하시는 하나님이셨다.

성령은 사람들을 통해 영원한 구원의 계획을 실제로 이루시는 하나님의 대리자였다. 그래서 예수님은 제자들에게 성령께서 그들의 사역을 위한 길을 준비하실 거라고 설명하셨다. 성령은 그들에게 할 말을 줄 것이다마 10:19-20 ; 막 13:11 ; 눅 12:12. 그는 "죄에 대하여, 의에 대하여, 심판에 대하여" 세상을 책망하실 것이다요 16:8. 그는 사람들이 주님을 알 수 있도록 진리를 밝혀 줄 것이다마 22:43 ; 참조, 막 12:36 ; 요 16:14. 그의 능력에 대해 제자들은 주님의 일을 할 수 있는 능력을 받게 될 것이라는 약속을 받았다요 14:12.[3)]

이로 볼 때, 전도는 결코 인간의 사업이 아니며, 처음부터 하나님께서 진행해 왔고 마침내 하나님의 목적이 완결될 때까지 계속될 하나님의 계획으로 해석되었다. 그것은 통틀어 성령의 일이었다. 제자들이 해야 할 일은 오직 성령께 자기들의 생애를 온전히 맡기는 것뿐이었다.

또 다른 보혜사

그들의 만족이라는 입장에서 보면, 제자들에게는 성령께서 주님과 갖

---

3) 요한복음 14:12은 전도에 적용할 경우 깜짝 놀라지 않을 수 없는 구절이다. 왜냐하면 제자들이 그리스도께서 하신 일을 할 뿐만 아니라 예수님이 아버지께로 가시기 때문에 "더 큰 일도" 하게 될 것이라고 되어 있기 때문이다. 그 말 그대로 이해한다면, 이 구절은 성령의 능력을 받은 제자들이 주님께서 하셨던 모든 일을 하게 될 뿐만 아니라―좀체로 믿어지지 않는 말이다―훨씬 더 많은 일을 할 것이라고 가르치는 셈이 된다. 이 더 큰 일이 무엇인지에 관해서는 예수께서 말씀하시지 않았지만, 사도행전을 보면 그것은 분명히 전도와 관계 있는 일이었을 것이다. 적어도 이 점에서 제자들은 실제로 그리스도보다 더 많은 결과를 얻었다. 사실상 오순절에는 단 하루에 예수께서 3년 동안 일해 얻은 수보다 더 많은 사람이 교회에 더해졌던 것이다.

고 계신 관계를 더 뜻깊게 배울 필요가 있었다. 물론 예수님은 이 필요성을 알고 계셨기 때문에 자신의 지상 생애가 끝나감에 따라 그 점에 대해 더 구체적으로 말씀하셨다.

이 시점까지 주님은 늘 그들과 함께 계셨다. 주님은 그들의 보혜사요, 스승이요, 안내자가 되셨다. 주님과 교제하면서 제자들은 용기와 힘을 얻었고, 주님과 함께라면 모든 일을 할 수 있다는 것을 느꼈다. 그러나 예수께서 곧 하늘로 돌아가신다니 걱정이 되었다. 이런 상황에서 예수님은 자기가 떠난 후에 어떻게 그들이 지내게 될지 설명할 필요가 있었다.

예수께서 그들에게 성령을 "또 다른 보혜사",[4] 옹호자, 그들 곁에 계실 분, 예수께서 육신으로 계셨던 그 자리를 보이지 않는 실재의 영역에서 대신하실 분으로 말씀하신 것은 바로 이때였다요 14:16. 마치 주님이 3년 동안 그들에게 사역하셨듯이, 이제는 성령께서 그들을 모든 진리 안으로 인도하실 것이었다요 16:13. 그들에게 장래의 일을 말씀하실 것이며요 16:13, 그들이 알 필요가 있는 것을 가르쳐 주실 것이고요 14:26, 그들의 기도를 도와주실 것이다요 14:12-13, 16:23-24.

요컨대 성령께서는 그리스도의 영광을 가지고 제자들에게 생생하게 가르쳐 주심으로 아들을 영화롭게 하실 것이다요 16:14-15. 세상은 이 진리를

---

4) 여기 "다른"(Another)이란 말은 헬라어에서는 독특한 의미가 있다. 그것은 성질이 다른 두 개의 대상을 비교할 때 쓰는 말이 아니고, 성질이 본질적으로 같은 두 개의 대상을 비교할 때 사용하는 말이다. 따라서 이 낱말의 가치는 그것이 성령의 특성과 성육신하신 아들의 특성을 동일시한다는 데 있다. 그리하여 성령은 위격(位格)은 다르지만 제자들에 대한 사역은 예수님과 꼭 같게 되는 것이다. G. Campbell Morgan, *The Teaching of Christ*(New York: Revell, 1913), p. 65를 보라. 성령의 사역에 대한 예수님의 가르침을 탁월하게 다룬 예는 Louis Burton Crane, *The Teaching of Jesus Concerning the Holy Spirit*(New York: American Tract Society, 1905)와 J. Ritchie Smith, *The Holy Spirit in the Gospels*(New York: Macmillan, 1926)에서 찾을 수 있다.

받을 수 없을 것이다. 예수를 알지 못하기 때문이다. 그러나 제자들은 그를 알았다. 그가 그들과 함께 계셨고, 성령 안에서 영원토록 함께 계실 것이기 때문이었다요 14:17.

이것은 어떤 이론이나 신조나 임시변통의 대책이 아니었다. 바로 제자들이 입게 된 손실에 대한 참 보상의 약속이었다. 예수님과 같은 "다른 보혜사"가 주님의 틀림없는 임재를 대신하게 되어 있었다. 참으로 제자들이 성령과 더 깊은 관계를 누리게 될 이와 같은 특권은 예수께서 갈릴리 거리를 그들과 함께 걸으실 때 누렸던 것보다 더 큰 것이었다.

예수께서 육체로 계실 때는 한 장소, 한 몸에 매일 수밖에 없었지만 성령 안에서는 이러한 제한들이 모두 사라졌다. 이제 주님은 항상 그들과 함께 계실 수 있었고, 말 그대로 결코 그들을 떠나거나 버리시지 않을 수 있게 된 것이다마 28:20 ; 참조, 요 14:16. 이런 관점에서 보면, 그것은 예수께도 더 좋은 일이었으니 자기의 일을 끝내시고 아버지께로 돌아가서 축복의 보혜사를 보내어 자기를 대신하게 하셨기 때문이다요 16:7.

승리하는 생활의 비결

그렇다면 예수께서 제자들에게 이 약속이 현실화될 때까지 떠나지 말라고 하신 이유가 분명해진다눅 24:49 ; 행 1:4-5, 8, 2:33. 그렇게 하지 않는다면 어떻게 그들이 주님의 지상 명령을 기쁨과 내적 평안 속에서 성취할 수 있겠는가? 그들로서는 삶이 주님의 임재로 가득 찰 만큼 생생하게 그리스도를 체험할 필요가 있었다.

전도가 그들 안에서 욕망을 순화시키고 생각을 지도해 줄 만큼 타오르는 충동이 되지 않으면 안 되었다. 개인적으로 성령 세례를 받는 것 이외에는 다른 길이 없었다. 그들이 받은 부름의 초인적 과업에는 초자연적 도움, 즉 위로부터 오는 능력의 부으심이 필요했다. 이것은 제자들이 그리스도께 완전히 굴복하여 깊이 뿌리 박힌 자만심과 적대감을 고백함으로써 믿음으로 새롭고 깨끗하게 하시는 성령충만의 경험을 가져야 한다는 뜻이었다.5)

이 사람들이 전부 평범한 인간이었다는 사실은 전혀 문제가 안 되었다. 그것은 도리어 우리에게 온전히 그의 다스림에 굴복하는 사람 안에서 자기의 목적을 성취하시는 하나님의 영의 크신 능력을 생각나게 할 뿐이다. 결국 그 능력은 그리스도의 영 안에 있다. 차이를 만들어 내는 것은 우리가 아니라 그분이시다.

---

5) 이 약속은 오순절에 제자들에게 이루어졌다(행 2:4). 그렇지만 거기서 끝나지 않았다. 거듭해 누가는, 성령의 충만이란 초대 교회가 겪은 성령의 내주하시고 붙들어 주시는 경험이었다는 점에 주의를 환기시킨다(행 4:8, 31, 6:3, 5, 7:55, 9:17, 11:24, 13:9, 52). 이렇게 볼 때 성령 충만한 삶이란 비록 모든 사람이 경험한 것은 아니었지만 틀림없이 경험의 표준으로 받아들여졌던 것 같다. 예컨대, 바울이 에베소인들에게 "성령의 충만을 받으라"고 간곡히 당부한 것도 이러한 이유 때문이다(엡 5:18). 이와 관련하여 다음 책들을 읽으면 좋을 것이다. William Arthur, *The Tongue of fire*(London: The Epworth Press, 1956) ; John Wesley, *A Plain Account of Christian perfection*(London: Epworth Press, n.d.) ; Samuel Chadwick, *The Way to Pentecost*(New York: Fleming H. Revell, 1932); Charles G. Finney, "Be Filled with the Spirit," in *Revival lectures*(New York: Fleming H. Revell, 1958); Andrew Murray, *The Full Blessing Of Pentecost* (London; Oliphants Ltd., 1954); Samuel Logan Brengle, *When the Holy Ghost Is Come*(New York: Salvation Army Printing and Publishing House, 1911); R. A. Torrey, *The Baptism With the Holy Spirit*(New York: Fleming H. Revell, 1895); V. R. Edman, *They Found the Secret*(Grand Rapids: Zondervan, 1960); Billy Graham, *Revival in Our Time*(Wheaton: Van Kampen, 1950)에 나오는 설교 "How to be Filled with the Holy Spirit". 이상은 이 주제를 비교적 잘 제시한 것들 중 몇 가지만 언급한 것이다. 이 경험을 묘사하는 데 사용된 용어는 그 사람의 특수한 신학적 관점에 따라 다르겠지만, 기독교 역사를 연구해 보면 그것이 어떻게 정의되든지 간에, 복음을 다른 사람들에게 적절히 전하는 데 하나님께 크게 쓰임받았던 사람들에게는 공통적으로 존재했다는 것이 드러난다.

불신자에게는 숨겨진 진리

예수님을 끝까지 따라다닌 사람들만이 이 경험의 영광을 알게 되었다는 것을 다시 언급하는 게 좋겠다. 바리새인들처럼 그의 말씀의 빛 가운데 살기를 완강하게 거부한 사람들은 물론이고 일반 대중처럼 멀리서 따라다닌 사람들은 축복된 보혜사의 사역에 관하여 듣지도 못하였다. 앞에서 말한 대로, 예수님은 원치 않는 사람들에게 그의 진주를 던질 생각은 없으셨다.[6]

이것이 주님의 일생 동안 가르침의 특징이었다. 예수님은 가장 중요한 교훈들을 소수의 선택된 제자들, 특히 열둘에게 의도적으로 한정하여 가르치셨다눅 10:22 ; 마 11:27 ; 참조, 16:17. 참으로 그들의 눈과 귀는 복이 있었다. 많은 선지자와 왕이 그들이 본 것을 보고 들은 것을 듣고자 했지만 그러지 못했다마 13:16-17 ; 눅 10:23-24 ; 참조, 마 13:10-11 ; 막 4:10-11 ; 눅 8:9-10. 그러한 정책은 예수께서 소수의 사람들이 사역을 위해 적절히 준비될 수 있도록 하기 위해 그들에게 자기의 모든 것을 의도적으로 투자하셨다는 것을 다시 되새기기 전까지는 이상하게 보일지 모른다.

---

6) 이것의 좋은 예는 저 유명한 산상설교이다(마 5:3-7:27 ; 눅 6:20-49). 군중들도 그것을 듣기는 했지만, 일차적으로 그들에게 가르치신 것은 아니었다(마 7:28-29). 오히려 하늘나라의 도덕적, 윤리적 행위에 관한 이 장엄한 선언을 받아들일 수 있는 소수의 가까운 제자들에게 한 것이었다. "예수께서 무리를 보시고 산에 올라가 앉으시니 제자들이 나아온지라 입을 열어 가르쳐 가라사대"(마 5:1-2 ; 참조, 눅 6:17-20). 아마도 예수께서 듣기를 원치 않는 사람들에게 가르치지 않으신 의도적인 행동이 가장 뚜렷하게 나타난 예는, 자기를 메시아 약속에 관련시키기를 삼가신 일이다. 비록 주님이 사역 초기에 제자들에게 이것을 주장했고(요 4:25-26, 42) 처음부터 제자들이 그런 말 하는 것을 허용했지만(요 14:1, 45, 49), 주님이 심문을 받을 때까지는, 그리고 대제사장이 그리스도냐고 딱 잘라서 물을 때까지는 예루살렘 종교 지도자들에게 자기가 메시아라고 선언했다는 기록은 없다(막 14:61-62 ; 마 26:63-64).

오늘날 적용되는 원리

모든 것이 주님의 인격을 중심으로 전개된다. 근본적으로 주님의 방법은 주님의 삶이었다. 그를 따르는 제자들도 마찬가지다. 우리가 주님의 일을 하고, 가르침을 실행하기 위해서는 성령으로 말미암아 우리 안에 주님의 생명을 가져야 한다. 이것 없는 전도는 의미도 생명도 없다. 그리스도의 영이 우리 안에서 아들을 높일 때만 사람들이 아버지께 이끌리게 되는 것이다.

물론 우리는 스스로 가지고 있지 않은 것을 줄 수는 없다. 그리스도 안에서 우리의 생명을 줄 수 있는 바로 그 능력이 그것을 소유하고 있다는 증거가 된다. 그리스도의 영 안에서 우리가 가진 것을 보류하고도 그 생명을 간직할 수는 없다.

하나님의 영은 언제나 그리스도를 알리라고 하신다. 여기에 생명의 역설이 있다. 즉, 우리가 그리스도 안에서 살기 위해서는 자신에 대하여 죽어야 하며, 자신을 부인하면서 주님에 대한 봉사와 헌신에 우리를 바쳐야 한다. 이것이 예수님의 전도 방법이었으며, 처음에는 소수의 제자들만 알았지만 그들을 통하여 세상을 정복하는 데 쓰일 하나님의 능력이 될 방법이었다.

그러나 우리는 거기서 멈출 수 없다. 사람들이 주님의 삶을 살아가는 방법에 대한 분명한 시범을 우리에게서 볼 필요가 있다. 따라서 제자들에 대한 예수님의 전략의 또 하나의 명백한 측면을 이해해야 한다.

시범

THE MASTER PLAN OF EVANGELISM 제 5 장

Demonstration

내가 너희에게……본을 보였노라 _ 요한복음 13:15

주님은 사는 방법을 보여주었다

 예수님은 제자들이 하나님과 사람으로 더불어 살아가는 주님의 모습을 배우도록 배려하셨다. 주님은 사람들을 영적 교제에 끌어들이는 것만으로는 부족하다는 것을 아셨다. 주님의 경험이 전도에 영속적으로 사용되도록 하기 위해서는 주님이 경험을 유지하고 나눠 주시는 방법을 제자들이 알 필요가 있었다. 물론 기술적 의미에서는 생명이 행동에 앞서지만, 실제로는 우리가 하는 일에 의해서 사는 것이다.

 사람이 성장하기 위해서는 정상적으로 숨을 쉬고 음식을 먹고 운동을 하고 계속 일을 해야 한다. 몸의 이런 기능들을 무시하면 생명은 중지되고 말 것이다. 제자들에게 주님의 영적 영향력의 비밀들을 알게 하려 했던 예수님의 노력을 주님의 완전한 전략의 의도적 과정으로 보아야 할 이유가

바로 여기에 있다. 주님은 무엇이 중요한가를 알고 계셨다.

기도의 실천

주님의 기도 생활을 예로 들어보자. 예수께서 자주 제자들에게 아버지와 대화하시는 모습을 볼 수 있도록 하신 것은 결코 우연이 아니었다.[1] 그들은 기도가 주님의 생활에 주는 힘을 볼 수 있었으며, 비록 그것에 대해 완전히 이해할 수 없었지만 그것이 주님의 생명의 비밀의 일부라는 것은 틀림없이 깨달았을 것이다. 주목할 점은, 예수께서는 그 교훈을 그들에게 강요하시지 않고 마침내 제자들이 갈급한 나머지 기도를 가르쳐 달라고 요청할 때까지 그저 기도를 계속하셨다는 것이다.

기회가 있을 때마다 놓치지 않고 예수님은 그들의 마음이 기꺼이 받아들이려 하는 교훈을 주셨다. 주님은 그들에게 기본적인 기도의 원리들을 설명해 주셨고, 말씀을 마치시기 전에 모범적인 기도를 그들 앞에서 되풀

---

1) 복음서에는 예수님이 기도하신 일을 20회가 넘게 기록하고 있다. 주님의 생애에서 결정적 사건이 있을 때 특별히 기도가 언급되어 있다. 주님의 세례받으심(눅 3:21), 열두 제자의 선택(눅 6:12-13), 변화산에서(눅 9:29), 최후의 만찬(마 26:27), 겟세마네에서(눅 22:39-46), 그리고 십자가에서(눅 23:46). 기록자들은 또한 그들의 사역과 관련하여 주께서 드리신 중보 기도를 감동적으로 기록하였다. 주님의 메시아직에 대한 고백(눅 9:18), 그들의 전도 보고를 들으신 후(눅 10:21-22), 그들에게 기도하라고 가르치심(눅 11:1), 그가 죽으러 가시기 전에 드린 위대한 대제사장적 기도(요 17:6-19), 베드로에 대한 사랑어린 관심(눅 22:32), 부활 후 엠마오에서 두 제자와 함께(눅 24:30). 기도는 또한 주께서 권능으로 기적을 베푸실 때도 두드러졌다-무리를 고치심(막 1:35), 5천 명을 먹이심(막 6:41 ; 마 14:19 ; 눅 9:16 ; 요 6:11), 4천 명을 먹이심(막 8:6 ; 마 15:36), 귀먹고 어눌한 자를 고치심(막 7:34-35), 나사로를 다시 살리심(요 11:41). 더욱이 주께서는 그가 구원하러 오신 무리를 바라보실 때도 기도를 하셨다. 종교 지도자들과 충돌하시기 전에(눅 5:16), 그를 만나서 온 헬라인들과 대화하실 때(요 12:27), 배불리 먹은 5천 명을 보내신 후에(막 6:46 ; 마 14:23), 어린아이들에게 축복하심(막 10:16), 마지막으로 자기를 십자가에 못박은 사람들을 위해(눅 23:34).

이해 보이심으로 주님이 의도하신 것을 예증하셨다눅 11:1-10 ; 마 6:9-13. 그런 방법—기도하게 하기 위해 그들에게 말할 것을 가르쳐 주어야 한다는 생각—은 이 제자들에겐 유치한 것이었다고 생각할 사람이 있을지 모르지만 예수님은 이처럼 중요한 문제를 당연하게 여기지 않으셨다. 사람들로 하여금 훈련의 첫발을 내딛도록 하는 데는 그런 초보적 방법이 필요한 경우가 많다. 그러나 어떤 방법을 사용했든지 간에 예수님은 이 교훈을 이해시킬 작정이셨다.

그 후로 예수님은 제자들과 말씀을 나누실 때 반복해 기도 생활을 강조하셨고, 그들이 주님의 영의 실재를 더 깊이 이해할 수 있게 됨에 따라 그 뜻과 적용을 계속 확대해 나가셨다. 그것은 그들의 훈련에서 없어서는 안 될 부분이었고, 그들은 그것을 이어받아 다른 사람들에게 전수해야 했다. 한 가지만은 확실하다. 만일 그들이 기도의 의미를 파악하여 꾸준히 실천하는 법을 배우지 못했다면, 그들의 생활에서 기대할 것이 별로 없었을 것이라는 점이다.

성경을 사용하심

제자들에게 생생하게 비친 예수님의 생활의 또 다른 측면은 성경의 사용과 그 중요성이었다.[2]

이것은 주님이 개인적 헌신을 지속하는 데서, 다른 사람들을 그 길로 인도하는 데서 분명하게 나타났다. 자주 주님은 제자들에게 성경 구절의 뜻을 이해시키고자 특별한 노력을 기울였고, 그들과 대화할 때 성경을 사용하지 않으시는 법이 없었다. 다른 사람들과 말씀을 나누실 때 90번이 넘게 구약성경을 암시하신 것은 말할 것도 없고, 4복음서에서 제자들과 대화하는 중에 적어도 66번 구약을 언급하셨다.[3]

 이 모든 것은 제자들에게, 어떻게 생활에서 성경을 알고 사용해야 할 것인가를 보여주는 데 도움이 되었다. 성경 권면의 원리들이 그들 앞에서 누차 사용되었기 때문에 그들은 기본적인 성경 해석과 적용의 법칙 중 몇 가지는 결코 놓칠 수 없었다. 게다가 구약성경 구절들을 자유 자재로 생각해 내시는 예수님의 능력을 보고 제자들은 반드시 성경을 외워 자기들의 말이 권위가 있도록 해야 할 필요성을 절감했을 것이다.

 모든 경우에 주님은 성경에 기록된 말씀과 자신이 하신 말씀은 모순되는 것이 아니라 서로 보완한다는 것을 아주 분명히 하셨다. 예수께서 믿으신 그 점을 제자들도 소중히 여겨야 했다. 따라서 주님 자신의 말씀과 더

---

[2] 주님의 마음속에는 성경의 신빙성과 증거에 관해 추호도 혼란이 없었다. 주님은 성경이 성령의 감동으로 된 것임을 알았기 때문이다(막 12:36 ; 마 22:43). 기록된 성경이 주님께는 "하나님의 말씀"이었다(요 10:35 ; 막 7:13 ; 마 15:6 ; 참조, 눅 8:12). 참으로 주께서 "이 성경이 곧 내게 대하여 증거하는 것이로다"(요 5:39 ; 참조, 마 5:17 18)라고 선언하셨듯이, 성경은 독특한 의미에서 주께서 해석하고 깊이를 더하신 자신의 말씀이었다(예, 마 5:21-22, 27-28). 이런 인식 가운데서 주님은 자기의 생애가 성경의 성취라는 것을 잘 알고 계셨고, 자주 그 사실에 주의를 집중시켰다(마 5:18, 8:17, 13:14, 26:54, 56 ; 막 14:49 ; 눅 4:21, 21:22 ; 요 13:18, 15:25, 17:12). 그렇다면 예수께서 자기 사역에 이처럼 이미 준비된 확실한 지식의 원천을 이용하신 것은 너무나 당연하다. 이것은 주님의 영혼에 영양을 주고(마 4:4) 유혹을 이길 수 있게 마음을 무장시켜 준 양식이었다(마 4:4, 7, 10, 12:3 ; 눅 4:4, 8, 12). 그러나 성경은 무엇보다도 하나님의 영원한 진리를 공적, 사적으로 가르치는 데 사용하신 주님의 교과서였다(예, 눅 4:17-21, 24:27, 32, 44-45).

[3] 이것들은 직접 인용이나 어떤 사건에 대한 암시나 유대인 성경에 사용된 말과 비슷한 언어로 구약성경을 언급하신 낱낱의 예들이다. 같은 사건을 나란히 기술하여 중복된 경우를 계산에 넣으면 예수께서 당시의 성경을 암시한 경우가 4복음서에서 모두 160회 가량 나온다. 더욱이 이 언급 속에는 구약성경의 3분의 2가 포함되어 있다. 이로 볼 때 그리스도의 말씀은 옛 족장들과 왕들, 선지자들의 가르침이었다고 결론지을 수 있다. 그의 전체적 사고는 당시의 영감된 문서들에 담긴 정신이 그 틀을 이루었다. Herman Harrell Horne, *Jesus the Master Teacher*(New York: Association Press, 1920), pp. 93-106과 J. M. price, *op. cit.*, 8-11, 62-64를 보라. 복음서에 나와 있는 이 다양한 구약성경 언급들을 총망라한 목록은 A. T. Robertson, *Harmony of the Gospels for Students of the Life of Christ*(New York: Harper, 1922), pp. 295-301에서 찾을 수 있다.

불어 성경은 그리스도에 대한 믿음의 객관적 기초가 되었다. 게다가 주님이 떠나신 후 성령을 통해 주님과 계속 교제하기 위해서는 그의 말씀에 거해야 할 것을 그들에게 분명히 말씀하셨다요 15:7.

영혼 구원에 최우선을

이런 개인적 실증 방식을 통해 예수님의 연단된 사생활의 모든 측면이 제자들에게 전달되었지만,[4] 주님의 궁극적 목적에서 볼 때 아마 가장 중요했던 것은 영혼들을 얻는 방법을 쉬지 않고 그들에게 가르치셨다는 점일 것이다.

실제로 예수께서 말씀하시고 하신 일들은 하나같이 영적 진리를 설명하거나, 사람들을 다루는 방법을 보여주심으로 그들의 전도 사역에 어떤 관련이 있었다. 주님은 일부러 가르치는 상황을 만드실 필요가 없었고 그저 주변의 상황을 이용하면 되었기 때문에 가르침은 극히 현실적이었던 것 같다. 사실상 제자들은 그와 비슷한 상황에서 사람들을 하나님께 인도하는 훈련을 받고 있다는 것을 미처 알아차리지도 못하는 사이에 그것을 흡수하고 있었다.

---

[4] 이 논의의 한계 때문에 예수님의 생활에 영향을 미친 그의 모든 행위를 남김없이 다룰 수는 없다. 제자들에게 기도와 성경 사용을 가르치신 것에 관련된 주님의 방법을 언급한 이유는, 단지 그가 제자들을 준비시키는 데 얼마나 주의를 기울였는가 하는 하나의 본보기를 제시하려는 데 있다. 이 주제를 충분히 다루려면 몇 가지만 들더라도 주님의 예배 행위, 종교의식과 사회법에 대한 관심, 시민으로서의 책임과 사회적 책임에 대한 태도 등을 생각해야 할 것이다. 그러나 그 요점은 이 모든 것에서 예수님은 제자들에게 불신 세계에서 마땅히 승리하는 삶을 사는 방법을 가르치셨다는 것이다.

자연스럽게 가르치심

이 점은 이미 여러 차례 언급되었지만 아무리 강조해도 지나치지 않다. 예수님은 가르치시는 데 대가大家셨기 때문에 교훈을 모호하게 만드는 방법을 쓰지 않으셨다. 진리 자체가 주목을 끌도록 하셨지 제시 방법을 앞세우지 않으셨다.[5] 이런 점에서 주님의 방법은, 주께서 방법을 가지고 계신다는 사실조차 드러내지 않는 것이었다. 주님 자신이 방법이었다.

이것은 전문 기술과 성공을 보장하는 비법秘法이 난무하는 이 시대에는 상상하기 어려울지 모른다. 어떤 분야에서는 도해가 잘된 지침서나 천연색 도표가 없이는 한걸음도 나아갈 수 없는 것처럼 보이기도 할 것이다. 그러나 이상하게 보일지 모르지만 지금은 그 일에 필수적이라고 여기는 것을 당시 제자들은 하나도 가지고 있지 않았다.

제자들이 스스로 배워야 할 것은 오직 그들이 배우기를 바라시는 것을 그들과 함께 실행하신 선생님의 모범이었다. 전도가 그들 앞에 영과 기술이 깃든 삶으로 제시되었다. 주님을 바라보면서 그들은 그것이 무엇인지 배웠다. 주님은 그들에게 모든 계층의 사람이 안고 있는 결핍과 그들에게 다가가는 최선의 방법을 깨닫게 해주셨다.

그들은 주님이 사람들을 이끄시는 방법과 그들의 신뢰를 얻고 믿음을

---

[5] 수많은 저자가 예수님의 가르치는 기술을 분석하였는데, 이 주제를 더 공부하고 싶으면 다음 저작들을 참고하면 좋을 것이다. D. M. Ross, *The Teaching of Jesus*(Edinburgh: T. & T. Clark, 1904), esp. pp. 46–59; George Barker Stevens, *The Teaching of Jesus*(New York: Macmillan, 1918), pp. 33–46; Charles Francis McKay, *The Art of Jesus as a Teacher*(Philadelphia: The Judson Press, 1930); Luther Allan Weigle, *Jesus and the Educational Method*(New York: Abingdon, 1939). 앞에 나온 각주에 언급된 Horne과 Squires, Richardson, Price의 저작들도 매우 유익한 통찰을 제공한다.

불러일으키는 방법, 구원의 길을 열어 보이시고 결정을 내리게 하시는 방법을 관찰했다. 모든 상황과 모든 사람 속에서 그들이 부하건 가난하건, 건강하건 병들었건, 친구이건 원수이건 상관없이, 영혼 구원자인 주님이 일하시는 모습을 제자들은 지켜보았다. 그것은 답답한 교실의 칠판에 요약되거나 "혼자 해보시오"Do It Yourself라고 안내서에 씌어 있지 않았다. 주님의 방법은 너무 생생하고 실제적이었기 때문에 아주 자연스럽게 전달되었다.

항상 진행 중인 수업

이 점은 주께서 개인을 다루실 때도 그렇지만 무리에게 다가가실 때도 해당되었다. 제자들은 언제나 현장에 있으면서 주님의 말씀과 행동을 관찰했다. 접근 방법이 분명하지 않을 때는 단지 주님께 그것을 설명해 달라고 요청하면 되었다. 예컨대, 예수께서 "큰 무리"에게 씨뿌리는 자의 비유를 말씀하신 후막 4:1 이하 ; 참조, 마 13:1-9 ; 눅 8:4-8, 제자들이 "이 비유의 뜻을 물었다"눅 8:9 ; 참조, 막 4:10 ; 마 13:10. 이에 예수님은 그 예화에 사용된 비유의 뜻을 자세하게 설명해 주셨다. 사실상 본문의 길이로 판단한다면, 주님은 무리에게 먼저 교훈할 때보다 제자들에게 비유를 설명하는 데 3배의 시간을 할애하셨다마 13:1-23 ; 막 4:10-25 ; 눅 8:9-18.[6]

---

6) 이와 같은 예는 다음과 같다. 가라지 비유(마 13:36 이하), 하나님 말씀을 전통을 앞세워 무시한다고 바리새인들을 꾸짖음(마 15:15 이하), 어리석은 부자에 대한 교훈(눅 12:16 이하), 부자와 나사로 비유(눅 16:19 이하), 하나님 나라의 도래에 관해 바리새인들에게 하신 말씀(눅 17:22 이하), 모세 율법에 따른 이혼 문제(막 10:10 이하 ; 마 19:7 이하).

제자들이 당혹감을 털어놓기를 주저하는 것 같으면, 예수님은 자주 그 문제를 분명히 밝히기 위해 먼저 말씀을 꺼내시곤 했다. 젊은 부자 관원 이야기가 전형적인 경우다. 예수께서 그를 단호하게 대하시고 젊은 관원이 하나님 나라보다 자기의 재산을 더 사랑하는 고로 근심에 싸여 가버린 후, 제자들에게 이렇게 말씀하셨다. "부자는 천국에 들어가기가 어려우니라" 마 19:23 ; 참조, 막 10:23 ; 눅 18:24. 제자들은 그 말씀에 깜짝 놀랐다 막 10:24. 그 결과 대화가 확대되어 예수님은 이 도덕적인 사람을 그렇게 대하신 이유를 설명하는 한편, 그 원리를 그들의 신앙고백에 적용하는 데 그 기회를 이용하셨다 막 10:24-31 ; 마 19:24-20:16 ; 눅 18:25-30.

초점이 되는 원리

예수님의 방법은 계속적인 설교 이상의 것이었으며 실물 교육이었다. 이것이 가르침에서 나타나는 영향의 비결이었다. 주님은 먼저 생활에서 시범을 보이심으로 실행 가능성뿐만 아니라 주님의 사역에 적절하다는 것을 증명하지 않고는 아무에게도 어떤 것을 하라고 요구하지 않으셨다. 이것은 주님이 언제나 제자들과 함께했기 때문에 할 수 있는 일이었다. 주님의 수업은 끝나는 법이 없었다. 주님이 말씀하고 하신 것 하나하나가 현실성 있는 개인적 교훈이었으며, 제자들은 현장에서 그것을 목격했기 때문에 깨어 있는 시간에는 순간마다 실제적으로 배웠던 것이다.

달리 어떻게 그의 방법을 배울 수 있을까? 사람들에게 우리의 의도를 말해 주는 것도 좋은 일이지만, 그 일을 하는 방법을 보여 주는 것은 말할 수 없이 더 좋은 일이다. 사람들은 설명이 아니라 시범을 기다리고 있다.

오늘날 적용되는 원리

모든 과정을 거친 후, 사람들을 훈련하고자 하는 자들은 우리가 그리스도를 따르는 것처럼 그들도 우리를 따를 준비가 되어야 한다고전 11:1. 우리는 표본이다빌 3:17 이하 ; 살전 2:7-8 ; 딤후 1:13. 그들은 우리 안에서 듣고 본 것을 행할 것이다빌 4:9. 시간이 주어진다면 이러한 지도를 통해 우리의 생활 방식을 함께 지내는 사람들에게 나눠 줄 수 있다.

우리는 이 진리를 생활에 적용해야 한다. 우리가 훈련하고 있는 사람들에게 이 길을 보여주어야 할 개인적 책임을 결코 회피할 수 없으며, 보여주는 일에는 생활에서 성령의 더 깊은 실재를 실제적으로 증험하는 일이 포함된다. 이것이 주님의 방법이며, 이것 말고는 다른 사람들에게 주님의 일을 하도록 훈련하는 데 충분치 못할 것이다.

그러나 우리가 아는 대로 지식만으로는 안 된다. 행동할 때가 온다. 이 특권을 소홀히 하면 학습 과정에서 습득된 모든 것이 수포로 돌아갈 것이다. 삶에 적용하지 않는 지식은 더 많은 진리를 배우는 데 걸림돌이 될 수 있다. 이 점을 주님보다 더 잘 이해하는 분은 없었다. 주님은 사람들이 어떤 일을 하도록 훈련하셨고, 그들이 시작할 수 있을 만큼 충분히 알았을 때 그것을 실행하도록 조처하셨다. 이 원리는 너무 뚜렷하기 때문에 주께서 훈련되고 영적으로 깨어 있는 사람들을 통해 세상을 정복하시려는 전략의 한 부분으로 이해할 필요가 있다.

위임
Delegation

THE MASTER PLAN OF EVANGELISM 제 6 장

내가 너희로 사람을 낚는 어부가 되게 하리라 _ 마태복음 4:19

주님은 제자들에게 일을 맡기셨다

예수님은 제자들이 자신의 일을 인계받아 구속의 복음을 가지고 세상에 나갈 때까지 키우는 일에 매달리셨다. 이 계획은 제자들이 주님을 따르는 동안 점차 분명해졌다. 예수님이 이것을 제자들에게 표명하기까지 가지셨던 인내심은 그들의 학습 능력을 고려하신 점에 잘 나타나 있다.

주님은 결코 서둘러 행동을 강요하시지 않았다. 제자들에게 따라오라고 처음 초청하신 말씀에는 나가서 세상을 복음화하는 것에 관한 내용은 아무것도 없었다. 처음부터 그런 계획을 가지고 계셨으면서도 그렇게 하셨다. 주님의 방법은 제자들이 하나님과 생생한 경험을 갖게 하고, 그들에게 어떤 일을 해야 한다고 말씀하시기 전에 자기가 일하는 방법을 보여주는 것이었다.

한편 예수님은 믿음을 증언하는 그들의 자발적인 반응을 꺾지 않으셨고, 사실상 그들이 다른 사람들에게 자기들이 발견한 것을 알리고자 할 때 기뻐하신 것으로 보인다. 안드레는 베드로를 인도했고, 빌립은 나다나엘을 찾아냈으며, 마태는 친구들을 자기 집 잔치에 초대했다. 예수님은 이러한 인도에 기쁘게 반응하셨다. 또한 예수님의 사역으로 도움을 얻은 사람들에게 그 일을 다른 사람들에게 말하도록 특별히 요청하신 일도 몇 차례 있음을 주목해야 한다. 그러나 이러한 초기 사례들 중 어느 것에서도 삶의 참된 목적인 전도는 명백한 명령으로 나타나지 않았다.

주님은 제자들에게 주님을 따라다니는 동안 음식을 나르게 한다든지 일행을 위해 숙소를 준비하게 하는 등 다른 방법으로 주님의 일을 거들도록 하셨다. 또한 제자들에게 주의 말씀을 듣고 제자가 된 사람들에게 세례를 주게 하셨다요 4:2.[1] 그러나 이것 외에 처음 제자들이 1년 넘도록 한 일이 예수님이 일하시는 것을 지켜보는 것 정도였다는 것을 복음서에서 관찰하고는 놀라지 않을 수 없다.

주님은 활동을 통해 제자들 앞에 계속 비전을 제시했고, 어부였던 네 제자를 다시 부르실 때는 자신을 따라오면 사람을 낚는 어부가 될 것이라고 말씀하셨지만막 1:17 ; 마 4:19 ; 눅 5:10, 그들이 많은 일을 한 것 같지는 않다. 그런 까닭에 몇 달 후에 정식으로 사역자로 임명된 후에도막 3:14-19 ; 눅

---

1) 나는 여기서 예수님의 제자들이 설교자로 임명되기 전에 상당한 세례의식을 집행할 권한을 받았다는 것을 관찰하지 않을 수 없다. 만일 우리가 여기에서 교회 정책상 하나의 법칙을 끌어낸다면, 거기에는 틀림없이 설교 사역은 성례 사역보다 더 많은 위험과 특권이 따르는 더 중요하고 정교한 사역이라는 내용이 함축될 것이다. 그렇다면 신성한 말씀 사역을 맡은 사람은 단순히 세례를 집행하는 것보다 훨씬 더 책임 있는 위치에 있는 것이며, 따라서 큰 책임 속에 작은 책임이 포함되어야 한다. 그러나 이 정책에 대한 적용은 현대 교회의 많은 교파에서 광범위하게 갈라져 나타날 것이다.

6:13-16, 그들은 아직 독자적으로 어떤 전도 사역을 한다는 증거를 나타내지 않았다. 이러한 관찰에 힘입어 우리도 새신자들에 대해 더 참고 기다리게 될 것이다.

열두 제자의 첫 번째 전도

예수께서는 세 번째 갈릴리 순회를 시작하려 하실 때막 6:6 ; 마 9:35, 제자들이 보다 직접적으로 주님의 일에 참여할 수 있는 때가 왔음을 깨달으신게 틀림없다. 그들은 적어도 시작할 수 있을 만큼은 눈으로 보아왔으며, 이제 선생님이 하시는 것을 본 대로 실천할 필요가 있었다. 그래서 주님은 "열두 제자를 부르사 둘씩 둘씩 보내셨다"막 6:7 ; 참조, 마 10:5 ; 눅 9:1-2. 어미 독수리가 어린 것을 둥지에서 밖으로 밀어내어 나는 법을 가르치듯이, 예수님은 제자들을 세상으로 밀어내어 자신들의 날개를 사용해 보도록 하셨다.

예비 교육

제자들을 보내시기 전에 예수님은 그들의 임무에 대한 예비 교육을 하셨다. 이때 주님이 말씀하신 것들은 본 연구에 매우 중요한데, 그 이유는 어떤 의미에서 주님은 지금까지 줄곧 암시적으로 가르치던 것을 분명하게 개괄해 주셨기 때문이다.

주님은 먼저 그들의 삶에 대한 자신의 목적을 재확인하셨다. 그들은 가서 "하나님 나라를 전파하며 앓는 자를 고쳐야" 했다눅 9:1-2 ; 참조, 마 10:1 ; 막

6:7. 이 사명에 새로운 것은 없었지만 그들의 과업을 더 분명히 하는 데 도움이 되었다. 그러나 곧이어 받은 새로운 지시에는 "천국이 가까웠다"는 선언과 함께 그들의 과업의 급박성이 강조되었다마 10:7. 그 지시는 또한 그들이 병을 고칠 뿐 아니라, "죽은 자를 살리며 문둥이를 깨끗하게 하며 귀신을 쫓아내야" 할 것을 말씀하심으로 그들의 권위의 범위를 더 완전하게 설명해 주셨다마 10:8.

예수님은 여기서 멈추지 않으셨다. 주님은 계속해 누구를 먼저 찾아가야 할지 말씀하셨다. "이방인의 길로도 가지 말고 사마리아인의 고을에도 들어가지 말고 차라리 이스라엘 집의 잃어버린 양에게로 가라"마 10:5-6. 예수께서는 제자들에게 메시지를 가장 잘 받아들일 청중을 만날 수 있는 곳으로 가라고 말씀하시는 것 같다. 이것이 예수께서 사역을 진행하신 방법이었다.

물론 시간이 감에 따라 주님은 거기에 얽매이지 않으셨다. 동족은 문화적 종교적 배경이 같기 때문에 그들부터 시작하는 것은 아주 자연스러웠다. 재미있게도 몇 달 후 70인이 파송될 때는 이 구별 지시가 되풀이되지 않는데, 아마 그리스도의 복음을 전하는 데 이 자연적 유대紐帶를 넘어갈 때가 되었음을 암시한 것일 게다.

그들은 하나님이 그들의 필요에 공급하실 것을 믿어야 했다. 그들은 주님에게 대가 없이 받은 것을 기억하여 대가 없이 봉사하라는 명령을 받았다마 10:8. 또한 예수님은 불필요하게 많은 짐과 쓸 것을 갖지 말라고 지시하셨다마 10:9-10 ; 막 6:8-9 ; 눅 9:3. 그들이 하나님께 충성할 때, 하나님은 그들에게 필요한 것이 공급되도록 조처하실 것이다. "일꾼이 저 먹을 것 받는 것이 마땅함이니라"마 10:10.

주님의 방법을 따르라

　예수님의 계획은 훨씬 더 상세해서 그들이 방문하는 각 마을에서 우호적인 사람을 찾아 그 지역에서 전도 사역을 하는 동안에는 거기에 머무르라고 지시하셨다. "아무 성이나 촌에 들어가든지 그중에 합당한 자를 찾아내어 너희 떠나기까지 거기서 머물라"마 10:11 ; 참조, 막 6:10 ; 눅 9:4.

　사실상 제자들은 각 동네에서 그들의 일을 계승할 가장 촉망되는 사람들에게 시간을 집중하도록 지시받은 것이다. 이것이 다른 무엇보다도 앞세워야 할 일이었다. 실제로 그들은 맞아들일 사람을 찾지 못하면, 그들에 대한 경고로 발의 먼지를 털어버리라는 지시를 받았다. "심판 날에 소돔과 고모라 땅이 그 성보다 견디기 쉬우리라"마 10:14-15 ; 참조, 눅 9:5 ; 막 6:11.

　새 일터에 가면 앞으로 중심적인 지도자가 될 만한 사람을 찾아냄으로 발판을 마련해야 한다는 이 원칙을 소홀히 해서는 안 된다. 예수님은 제자들과 함께 그 원칙에 의해 사셨고, 제자들에게도 그렇게 하라고 하셨다. 주님의 전체적인 전도 계획은 이 원칙에 의존하셨으며, 제자들에게 이 원칙을 이행할 기회를 주지 않는 곳들은 사실상 무서운 흑암의 심판을 자초했다.

고생을 각오하라

　어떤 사람들이 제자들의 사역을 거부할 것이라는 사실은 제자들이 받게 될 대우에 대한 예수님의 경고를 강조해 준 것일 뿐이다. "사람들을 삼가라 저희가 너희를 공회에 넘겨 주겠고 저희 회당에서 채찍질하리라 또 너희가 나를 인하여 총독들과 임금들 앞에 끌려 가리니 이는 저희와 이방인들에게 증거가 되게 하려 하심이라"마 10:17-18.

이것이 당연한 것은 "제자가 그 선생보다 또는 종이 그 상전보다 높지 못하기" 때문이다마 10:24. 권력자들은 예수님을 바알세불이라 불렀다. 그렇다면 그의 제자들이 어찌 그보다 덜한 욕설을 기대할 수 있겠는가마 10:25. 이것은 주님의 길이 세속적 지혜의 형태와 반대된다는 것을 다시 말해 주는 것이다. 그러므로 그들은 모든 사람에게 미움을 받을 것이다마 10:22-23.

그렇지만 예수님은 "두려워 말라"고 말씀하셨다. 하나님은 그들을 버리지 않으실 것이다. 또 그들의 증거가 생명에 대한 심각한 위협과 더불어 수행되겠지만, 성령께서 위기에 대처할 수 있게 해주실 것이다마 10:20-21. 그들에게 무슨 일이 일어난다 할지라도 사람들 앞에서 그분을 시인하는 사람은 하늘에 계신 아버지 앞에서 기억될 것이라고 예수님은 그들에게 다짐하셨다마 10:32.

예수께서 제자들로 하여금 원수의 힘은 물론 구속의 복음에 대한 사람들의 당연한 반대를 결코 얕보지 말도록 하신 방법은 퍽 인상적이다. 그들은 고생을 사서 하려고 하지는 않았다. 참으로 "뱀같이 지혜롭고 비둘기 같이 순결하라"마 10:16는 주님의 충고는 우선 순위와 전략의 필요성을 강조한 것이었다. 그러나 그들이 만반의 대비를 한다 하더라도, 제자들이 충실하게 복음을 전파할 때 세상은 그들을 호의로 맞아 줄 것 같지 않다는 사실은 남아 있었다. 그들은 "양을 이리 가운데 보냄과 같이" 보냄을 받았다마 10:16.

갈라놓는 복음

예수께서 제자들에게 복음 초청 속에 깃들어 있는 결단을 요구하는 성격을 상기시킨 점도 중요하다. 죄와의 타협이 있을 수 없기 때문에 하나님께 숨기는 사람은 그들의 전파하는 복음을 듣고 불안에 빠질 게 틀림없었다. 그들은 자기 만족의 현상태를 유지해 주는 평화의 사절이 아니었다. 오히려 예수님은 이렇게 말씀하셨다.

"내가 세상에 화평을 주러 온 줄로 생각지 말라 화평이 아니요 검을 주러 왔노라 내가 온 것은 사람이 그 아비와, 딸이 어미와, 며느리가 시어미와 불화하게 하려 함이니 사람의 원수가 자기 집안 식구리라 아비나 어미를 나보다 더 사랑하는 자는 내게 합당치 아니하고 아들이나 딸을 나보다 더 사랑하는 자도 내게 합당치 아니하고 또 자기 십자가를 지고 나를 좇지 않는 자도 내게 합당치 아니하니라" 마 10:34-38.

만일 제자들이 그때까지 자기 사역이 쉬울 거라는 생각을 가지고 있었다면, 이제는 틀림없이 그런 생각을 깨끗이 버렸을 것이다. 그들은 혁명적인 복음을 가지고 나갔고, 그 복음에 순종했을 때 사람들과 사회는 혁명적으로 변화했던 것이다.

그리스도와 하나

이 모든 지시에서 예수께서 말씀하신 요점은 제자들의 사역이 원리나 방법에서 주님의 사역과 다르지 않다는 것이었다. 주님은 제자들에게 주님의 일을 할 수 있는 권위와 능력을 주심으로 시작하셨고막 6:7 ; 마 10:1 ; 눅

9:1, 그들이 하는 일은 마치 주님 자신이 하시는 것과 같다는 것을 납득시 킴으로 마치셨다. "너희를 영접하는 자는 나를 영접하는 것이요 나를 영접하는 자는 나 보내신 이를 영접하는 것이니라"마 10:40 ; 참조, 요 13:20.

이 동일성을 생각해 보라! 제자들은 그리스도의 실제적 대변자가 될 참이었다. 이 연합이 너무 분명했기 때문에 누군가가 제자의 이름으로 어린 아이에게 냉수 한 그릇이라도 주면, 그 자비의 행동은 보상을 받을 것이라고 하셨다마 10:42.

둘씩 둘씩

이상이 예수께서 제자들에게 하신 지시였다. 그러나 그들이 전도를 떠나기 전에 주님은 그들을 둘씩 짝지으셨다막 6:7.[2]

의심할 여지 없이 이 계획은 제자들에게 여행 중 필요한 동반자를 주시려는 것이었다. 함께 있으면 그들은 서로 도울 수 있고, 역경이 닥치면 서로 위안을 주고받을 수 있을 것이다. 여기에는 다시 협동에 대한 예수님의

---

2) 복음서에 의하면, 둘씩 내보내는 것은 자주 하신 습관이었던 것 같다. 예컨대, 예루살렘에 들어갈 때 예수께서 쓰실 나귀를 구하기 위해 두 제자를 보내셨고(눅 19:29), 유월절을 준비하도록 베드로와 요한을 함께 보내셨다(눅 22:8). 예수께서 사마리아에 들어가시기 전에 야고보와 요한이 주민들의 대접에 대해 큰소리로 분을 낸 것을 보아 그들은 일을 함께했을지도 모른다(눅 9:52, 54). James I. Vance는 그의 저서 *The College of Apostles*(New York: Fleming H. Revell, 1896)에서 모든 제자가 짝을 지었다고 보고 두 사람씩 여섯 짝을 만들어 보려고까지 했다. 그의 생각은 제자들이 상대방의 장점은 살리고 약점은 줄일 수 있도록 짝지어졌다는 것이다. 그의 짝짓기를 보면 극단주의자 베드로는 보수주의자 안드레와, 형 야고보는 어린 요한과, 둔한 빌립은 유식한 바돌로매와, 의심이 많은 도마는 신념이 강한 마태와, 행위의 챔피언인 야고보는 교리의 챔피언인 유다와, 열심당원 시몬은 배반자 유다와 한데 묶였다. 이런 추측은 주로 마태가 제자들을 짝지어 나열한 것에 토대를 두고 있다(마 10:2-4). Latham, *op. cit.*, p. 162. 공평하게 말해 나는 이 짝짓기는 어디까지나 가설이라는 것을 인정해야 한다고 생각한다. 그러나 사도행전에서 사도들과 교회의 선교사들이 둘 이상씩 짝을 지어 여행한 것으로 설명한 것은 기록상의 문제다.

독특한 관심이 반영되어 있다.

"제자들이 나가 각 촌에 두루 행하여 처처에 복음을 전하며 병을 고치더라"눅 9:6 ; 참조, 막 6:12. 그 작은 무리의 제자들은 마침내 독자적으로 그리스도의 사역을 적극 시작하게 되었다.

물론 이것은 예수께서 자신의 사역을 소홀히 하기 위한 구실은 아니었다. 주님은 결코 아무에게도 자기가 할 생각이 없는 일을 요구하지 않으셨다. 그래서 제자들이 떠날 때, 주님도 마찬가지로 "저희 여러 동네에서 가르치시며 전도하시려고 거기를 떠나가셨다"마 11:1.

70인의 선교

몇 달이 지나지 않아 이 "다른 칠십 인"도 주님을 증거하러 다시 둘씩 둘씩 보냄을 받았다눅 10:1. 이 다른 제자들이 정확히 누구인지는 알 수 없으나 거기에는 원래의 열두 제자도 포함되었던 것 같다. 그 집단의 규모는 그리스도를 증거하는 열둘의 활동이 그만큼 증가했다는 것을 암시한다.

다시 불어난 집단에게 하신 지시는 앞서 열둘에게 전달된 것과 본질적으로 똑같았다눅 10:2-16. 이 새 위임에 보태진 것이 있다면 그들이 주께서 친히 가시려는 각동 각처로 가게 될 것이라는 말씀이었다눅 10:1. 즉, 그들은 스승의 선발대로서 주님의 사역을 위해 길을 닦을 사람들이었다. 이 점은 몇 주 전 사마리아로 여행하는 동안 그들에게 주지되었기 때문에눅 9:52, 사실상 전혀 새로운 것은 아니었다. 이번 말씀은 단지 그들이 스승의 전도 전략으로 알고 있는 것을 모두가 실천해야 한다는 것을 다시 지적한 것뿐이었다.

부활 후의 명령

제자들에게 부여된 전도 과제의 원리는 주께서 십자가 사건과 부활 후에 하늘로 올라가시기 직전에 결론적으로 보여졌다. 제자들과 만나셨을 때 적어도 네 차례나 주님은 그들에게 나가서 주님의 일을 하라고 명령하셨다.

처음 말씀하신 것은 첫 부활절 저녁 도마가 없는 가운데 다락방에 모여 있을 때였다. 예수님은 놀라는 제자들에게 못자국 난 손과 발을 보여 주시고눅 24:38-40 그들과 식사를 나누신 후눅 24:41-43, "너희에게 평강이 있을지어다 아버지께서 나를 보내신 것같이 나도 너희를 보내노라"요 20:21고 말씀하셨고, 덧붙여 그 일을 할 수 있도록 성령의 약속과 권세를 다시 다짐하셨다.

얼마 후 디베랴 바닷가에서 제자들과 함께 아침 식사를 하실 때 예수께서는 베드로에게 세 번이나 양을 먹이라고 말씀하셨다요 21:15-17. 이 부탁이 베드로에게는 주님에 대한 사랑의 증거로 해석되었다.

갈릴리의 한 산에서 주님은 열한 제자뿐만 아니라마 28:16 당시에 500명을 헤아렸던 전체 교회에도고전 15:6 대위임 명령을 주셨다. 그것은 주님의 세계 정복 전략의 명백한 선언이었다. "하늘과 땅의 모든 권세를 내게 주셨으니 그러므로 너희는 가서 모든 족속으로 제자를 삼아 아버지와 아들과 성령의 이름으로 세례를 주고 내가 너희에게 분부한 모든 것을 가르쳐 지키게 하라 볼지어다 내가 세상 끝날까지 너희와 항상 함께 있으리라"마 28:18-20 ; 참조, 막 16:15-18.

마침내 아버지께로 올라가시기 전에 예수님은 마지막으로 제자들과 함께 전반적인 일을 다시 복습하면서 주님이 그들과 함께 계실 동안 일들이 어떻게 성취되어야 했던가를 그들에게 보여주셨다눅 24:44-45. 그의 고난과 죽음, 삼일 만에 죽은 자들 가운데서 부활하심은 모두가 계획표에 따른 것이었다눅 24:46.

예수님은 계속해 제자들에게 "그의 이름으로 죄사함을 얻게 하는 회개가 예루살렘으로부터 시작하여 모든 족속에게 전파될 것"눅 24:47을 알려주셨다. 또 이 신성한 목적을 달성하기 위해 제자들은 주님 못지않는 역할을 하게 되었다. 그들은 기쁜 소식을 전파할 인간 도구가 되고 성령은 그들의 선교를 위한 하나님의 능력이 되었다. "오직 성령이 너희에게 임하시면 너희가 권능을 받고 예루살렘과 온 유대와 사마리아와 땅끝까지 이르러 내 증인이 되리라"행 1:8 ; 참조, 눅 24:48-49.

원리는 분명하다

분명히 예수님은 전도의 일을 인간의 느낌이나 편의에 맡겨 두지 않으셨다. 제자들에게 전도는 명백한 명령으로서, 처음에 제자가 되었을 때는 충동적으로 받아들였지만 주님을 따라다니면서 그들의 사고 속에 점차 분명해졌고, 마침내 아주 확실한 말로 제시되었던 것이다. 예수님을 멀리서 따라다닌 사람일지라도 이 결론을 피할 수 없을 것이다. 당시에 그랬었고 오늘날도 마찬가지이다.

그리스도인 제자들은 보냄을 받은 사람들이다. 주님 자신이 보냄을 받아 생명을 바쳐 일하신 세계 전도라는 동일한 일에 보냄을 받았다. 전도는 우리 생활에 있어도 좋고 없어도 좋은 액세서리가 아니다. 그것은 우리를 부르사 우리로 하여금 되게 하시고 하게 하신 모든 것의 핵심이다. 또한 그리스도의 이름으로 수행되는 다른 모든 일에 의미를 부여하는 교회의 사명이다.

이 목적에 분명하게 초점을 맞추면 행하고 말하는 모든 것이 하나님의 구속의 목적을 영광스럽게 성취하게 된다. 교육기관, 사회 운동 프로그램, 병원사업, 온갖 종류의 교회 집회 등 그리스도의 이름으로 이루어지는 모든 것이 이 사명을 이루는 데서 정당성을 갖게 되는 것이다.

오늘날 적용되는 원리

이것을 하나의 이상으로 삼는 것만으로는 충분하지 않다. 그것은 구주를 따르는 사람들이 만질 수 있게 표현되어야 한다. 이 일이 이루어지고 있음을 확인하는 가장 좋은 방법은 실제적인 과업을 주고 그 과업이 수행되기를 기대하는 것이다. 이렇게 하면 사람들은 일을 시작하게 될 것이고, 그 일을 스승이 생활에서 실증하는 것을 이미 보았을 경우에는 그 과제를 완결하지 못할 이유가 없다. 교회가 이 교훈을 마음에 새기고 전도에 착수할 때, 교회 의자에 앉아 있던 사람들은 곧 하나님을 위해 움직이기 시작할 것이다.

그러나 사람들이 일을 시작했다고 해서 그 일을 계속할 것이라고 보장할 수 있는 것은 아니다. 일단 게으름을 이긴 후에도 계속 움직여 나가고 올바른 방향으로 가도록 할 필요는 여전히 있다.

확실히 예수께서 제자들에게 주신 과제는 적어도 처음엔 주님의 훈련학교에서 그들을 벗어나게 한 것이 아니었다. 그들은 졸업할 준비가 되었다고 여겨지기 전에 배울 것이 훨씬 더 많았고, 그때가 올 때까지 주님은 개인 지도에서 그들을 풀어 줄 생각이 없었다. 이 시점에서 주님이 가진 관심이 분명하고 그 일을 처리한 방법이 너무 뚜렷하기 때문에 궁극적 승리를 위한 주님의 전략의 또 하나의 단계로서 그것을 잘 생각해 볼 필요가 있다.

감독
Supervision

THE MASTER PLAN OF EVANGELISM 제 7 장

아직도……깨닫지 못하느냐 _ 마가복음 8:17

주님은 계속 그들을 점검하셨다

예수님은 제자들의 전도 여행 끝에는 으레 자리를 같이하여 그들의 보고를 듣고 자신이 같은 일을 하면서 누린 사역의 축복됨을 함께 나누셨다. 이런 점에서 주님의 교육은 가르침과 과제를 번갈아 가며 주시는 것이었다고 할 수 있다. 주님은 그들과 함께 계실 때면 이전의 행동의 이유를 이해하도록 돕고 새로운 경험을 맞이할 준비를 시키셨다. 주님의 질문과 예증, 경고, 권면들은 주님의 일, 즉 세계 복음화를 성취하기 위해 그들이 알아야 할 것들을 가르치는 데 목적이 있었다.

따라서 열둘이 보냄을 받은 후 머지않아 "예수께" 모여 "자기들의 한 것"을 고하였다막 6:30 ; 눅 9:10. 성경을 보면 이 모임은 예정되어 있었고, 따라서 제자들의 단독 여행은 단지 그들이 주님께 훈련받던 중에 가진 현장

실습이었던 것 같다.

전도 여행 끝에 제자들이 다시 모이는 것은 말할 것도 없이 그들에게 육체와 영혼에 필요한 휴식을 제공하였다. 제자들이 얼마 동안 나가 있었는지는 성경에 기록이 없다. 아마 이삼일 내지는 일주일쯤 되었을 것이다. 여기서는 시간이 중요한 문제는 아니다. 중요한 것은 기록에도 나타나 있지만, 제자들이 일터에 보냄을 받은 후 돌아와서 나중에 각자의 경험을 전체에게 이야기하도록 되어 있었다는 사실이다.

이와 비슷하게, 칠십 인이 파송된 후에 예수님은 그들을 다시 불러 여행 중 겪은 일을 보고하게 하셨다. "칠십 인이 기뻐 돌아와 가로되 주여 주의 이름으로 귀신들도 우리에게 항복하더이다"눅 10:17. 앞서 있었던 열둘의 전도에서는 극적인 성공에 대한 언급이 없었으나 이번에는 고무적인 승리의 보고가 있었다. 아마 이런 차이가 생긴 것은 제자들의 경험이 더 많아졌기 때문이었을 것이다.

예수님에게 이것보다 더한 기쁨은 없었을 것이다. 그들의 사역으로 확인된 승리를 그림처럼 묘사하여 예수님은 "사탄이 하늘로서 번개같이 떨어지는 것을 내가 보았노라"눅 10:18고 말씀하셨다. "이때에 예수께서 성령으로 기뻐하사" 이루어진 일에 대해 소리 높여 하나님을 찬양하셨다눅 10:21-22.

이것은 예수께서 오랫동안 해오신 일이었는데, 마침내 수고의 결실을 보기 시작한 것이다. 그렇지만 경험에서 진리를 배우도록 하시는 데 빈틈이 없으신 예수님은 이 순간까지도 제자들에게 그들의 성취를 자랑하지 말도록 주의를 주셨다. "그러나 귀신들이 너희에게 항복하는 것으로 기뻐하지 말고 너희 이름이 하늘에 기록된 것으로 기뻐하라"눅 10:20.

계속적인 점검과 적용

제자들의 전도 여행에 이은 점검 시간에 선명하게 나타났던 일을 통해 우리는 예수님의 전반적인 사역 전략을 뚜렷하게 볼 수 있다. 제자들이 겪은 경험을 다시 들으시면서 주님은 그 전략을 그들의 생활에 실제로 적용할 것을 찾아내셨다.

한 가지 예로, 제자 몇이 귀신 들린 소년을 고치려다 헛수고에 그친 일에 대해 예수께서 어떻게 반응하셨는지 보자. 이 사건은 예수께서 베드로와 야고보, 요한과 함께 변화산 위에 있는 동안 갑자기 발생했다. 주님이 안 계신 가운데 다른 제자들은 아버지 손에 이끌려 온 귀신 들린 소년을 고쳐 보려고 애를 썼다. 그러나 그들의 믿음으로는 너무 벅찬 일이었다.

예수께서 돌아오셨을 때, 무력한 제자들 앞에서 발작하는 아들을 놓고 심란해 하는 아버지를 보셨다. 물론 예수님은 그 소년을 고쳐 주셨지만, 그 기회를 그냥 지나치지 않고 실망한 제자들에게 기도와 금식을 통해 어떻게 하나님의 신실하심을 꼭 붙잡았어야 했는가에 대해 필요한 교훈을 많이 주셨다막 9:17-29 ; 마 17:14-20 ; 눅 9:37-43.

또한 주님이 많은 무리를 먹이실 때 제자들이 맡았던 일을 회상하게 하심으로 모든 일을 하실 수 있는 주님의 능력을 그들의 마음에 새겨 넣는 동시에 영적 분별에 관한 중요한 교훈을 주셨던 것을 생각해 보라막 6:30-44, 7:31-8:9, 13-21 ; 마 14:13-21, 15:29-38 ; 눅 9:10-17 ; 요 6:1-13. 이 일은 당시 종파들의 상습적인 표적 추구 태도를 주님이 신랄하게 책망하신 직후에 그들이 배를 타고 갈릴리 바다를 건너오면서 있었던 일이다막 8:10-12 ; 마 15:39-16:4.

예수님은 의심할 여지 없이 호수 저편에서 일어났던 사건 때문에 마음이 무거운 가운데 제자들을 향해 "삼가 바리새인들의 누룩을 주의하라"막 8:15고 말씀하셨다. 그러나 영적으로 둔한 제자들은 배가 고픈데다가 빵이 한 조각밖에 없었기 때문에 믿지 않는 사람들에게서 빵을 사서는 안 된다고 생각하면서도, 그러면 다음 식사는 어디서 마련할지 염려하고 있었다. 그들에게 불신앙을 경고하려 했던 주님의 교훈을 그들이 송두리째 놓친 것을 안 예수님은 이렇게 말씀하셨다.

"너희가 어찌 떡이 없음으로 의논하느냐 아직도 알지 못하며 깨닫지 못하느냐 너희 마음이 둔하냐 너희가 눈이 있어도 보지 못하며 귀가 있어도 듣지 못하느냐 또 기억지 못하느냐 내가 떡 다섯 개를 오천 명에게 떼어 줄 때에 조각 몇 바구니를 거두었더냐." 제자들은 대답하였다. "열둘이니이다"막 8:17-19.

이제 제자들에게 큰 무리를 식사를 위해 앉히고 예수께서 오병이어의 기적을 베푸시는 것을 보았던 그날이 생생하게 떠올랐을 것은 의심할 여지가 없다.[1] 또한 주님이 어떻게 그들을 시켜서 모든 사람이 넉넉히 먹을 수 있도록 음식을 나눠 주게 하시고 남은 것을 거두게 하셨던가를 기억하였다. 참으로 생생한 기억이었다. 그도 그럴 것이 열둘은 식사가 끝난 후 각각 한 광주리 가득히 음식을 거두었기 때문이다.

이와 비슷하게 그들은 사천 명을 먹이고 남은 것을 일곱 광주리 거두었던 일을 회상했다. 예수님의 기적의 능력이 나타난 이러한 증거 때문에 필

---

[1] 예수께서 5천 명을 먹이시기 전에 먼저 제자들더러 사람들에게 먹을 것을 주라고 하셨다. 그것은 그들의 믿음이 적다는 것을 보여주고(요 6:6), 그 일로 생긴 문제를 생생하게 느끼도록 하기 위해 의도적으로 하신 일이었다. 제자들이 이러한 상황에서 전적으로 무력하다는 것을 깨달은 후에야 비로소 예수님은 개입하셨으며, 그때에도 주님은 그 문제를 해결하시는 데 제자들을 사용하셨다.

요하다면 얼마든지 그들을 먹이실 수 있는 주님의 능력에 대해 의심이 있을 수 없었다. "그제야 제자들이 떡의 누룩이 아니요 바리새인과 사두개인들의 교훈을 삼가라고 말씀하신 줄을 깨달으니라"마 16:12.

인내에 관한 교훈

제자들의 활동이 있은 후에 제자들을 바로잡기 위해 하신 말씀 가운데 가장 예리한 것 하나는, 사도 중에 들지 않고도 일하던 사람들에 대한 제자들의 태도와 관련이 있었다. 그들은 여행 중에 예수의 이름으로 귀신을 쫓아내는 어떤 사람들과 마주쳤지만 그 사람들이 자기들 집단에 속해 있지 않았기 때문에 심하게 꾸짖었던 것 같다막 9:38 ; 눅 9:49. 제자들은 자기들이 바른 일을 했다고 생각했을 게 분명하지만 주님께 그것을 보고드리자, 주님은 자신을 위해 충실하게 일하는 사람의 기를 꺾는 위험에 대해 포괄적인 설교를 해야겠다고 느끼셨던 것이다막 9:39-50 ; 마 18:6-14.

예수님은 "금하지 말라 너희를 반대하지 않는 자는 너희를 위하는 자니라"눅 9:50고 하셨다. 그런 다음 요지를 모든 무고한 사람들, 특히 어린아이에게 일반적으로 적용해 말씀을 계속하셨다. "누구든지 나를 믿는 이 소자 중 하나를 실족케 하면 차라리 연자 맷돌을 그 목에 달리우고 바다에 던지움이 나으리라"막 9:42. "이 소자 중에 하나라도 잃어지는 것은 하늘에 계신 너희 아버지의 뜻이 아니니라"마 18:14.

또한 제자들은 사마리아에서 주님이 주신 과제를 수행하다가 저항에 부딪혔다. 그 사람들을 쓸어 버리고자 하는 충동적 반응을 나타내면서 그들은 하늘에서 불이 떨어지게 하기를 원했다눅 9:51-54. 그러나 옆에 서 계시던 예수님은 "돌아보시며 꾸짖으시고" 이렇게 말씀하셨다. "너희는 무슨 정신으로 말하는지도 모르는구나 인자는 사람의 생명을 멸하러 온 것이 아니요 구하러 왔노라"눅 9:55 난하주. 그러고 나서 제자들에게 이런 문제를 해결하는 방법을 일러 주신 후, "함께 다른 촌으로 가셨다"눅 9:56.

준수된 원리

다른 많은 예를 통해 제자들이 여러 가지 어려운 상황을 만났을 때 취한 행동과 반응들을 예수님이 어떻게 점검하셨는가를 볼 수 있을 것이다. 주님은 지상 사역이 끝나감에 따라 제자들을 항상 살피시면서 그들에게 점점 더 많은 관심을 기울이셨다. 주님은 제자들이 성공에 안주하거나 실패에 주저앉는 것을 허락지 않으셨다. 그들이 무슨 일을 하든 간에 항상 더 행하고 더 배울 것이 있었다. 주님은 제자들의 성공을 기뻐하셨지만 세계 정복만이 주님의 목표였으며, 그 목적을 위해 항상 제자들의 노력을 지휘 감독하셨다.[2]

그것은 최고의 현장 훈련이었다. 예수님은 제자들에게 약간의 경험을 갖거나 자신들의 경험을 관찰하게 하신 다음 그것을 출발점으로 삼아 제자의 길을 가르치셨다. 그들이 비록 실패했을지 모르지만 주님의 일을 해 보려고 노력한 사실은 그들의 부족을 더 깊이 깨닫게 해주었고, 그리하여 주님의 고정의 손길을 더 기다리게 되었다. 더욱이 그들의 삶의 정황에 부

---

[2] 예수께서 자신이 육신 상태로 하던 감독을 마치신 후에 성령께서 그들이 하는 일을 계속해 감독하게 되실 것이라고 주의 깊게 가르치신 것은 의미심장한 일이다. 기독교 사역자는 결코 개별적인 감독 없이 일하는 법이 없다.

딪혀 보았기 때문에 예수님은 자신의 가르침을 구체적인 필요에 정확하게 적용하고 실제적 경험에서 나온 구체적 언어로 표현해 설명하실 수 있었다. 사람은 항상 자기가 배운 것을 적용할 기회를 가진 후에야 교육의 고마움을 더 잘 느끼게 된다.

감독하는 이 모든 일에서 중요한 것은 제자들로 하여금 주님이 세워 주신 목표를 향해 계속 전진하는 것이었다. 주님은 제자들의 능력을 넘어서는 많은 것을 기대하지 않았지만 최선을 요구하셨고, 그들이 지식과 은혜 가운데서 자라감에 따라 그들의 최선이 향상되기를 항상 바라셨다. 모범과 과제와 끊임없는 점검을 통한 주님의 가르침의 계획은 그들 속에 있는 최선을 끌어내려는 것이었다고 추정된다.

오늘날 적용되는 원리

오늘날도 참을성이 있으되 단호한 감독이, 다른 사람들에게 전도 훈련을 시키려고 하는 사람들에게 필요하다. 우리는 단순히 뜻 있는 일꾼에게 일하는 방법을 가르쳐 주고 결과에 대해 불타는 기대를 안겨서 내보냈다고 일이 될 거라고 상상해서는 안 된다. 헤아릴 수 없는 많은 문제가 그 일을 좌절시키고 빗나가게 할 수 있으며, 이러한 문제를 유능하고 총명한 사람들이 현실성 있게 다루지 않으면 그 일꾼은 쉽게 용기를 잃고 실패하게 될지도 모른다.

마찬가지로 영혼에게 기쁨을 안겨 주는 많은 은혜의 체험도 그 의미가 그리스도의 전체적인 세계 선교에 비추어 해석됨으로 더 명확해지고 깊어질 필요가 있다. 따라서 전도 사역에 관여하는 사람들은 혼자서 일을 수행할 만큼 성숙할 때까지는 개인적인 감독과 지도를 받아야 한다는 것이 중요한 일이다.

명확한 비전을 간직하라

우리도 역시 목표가 세계 정복에 있다는 것을 항상 기억해야 한다. 감히 더 낮은 관심사에 우리의 힘을 빼앗길 수 없다. 너무나 많은 경우 우리는 훈련이나 영감도 없이 사람을 사역 현장에 내보냈다. 그 결과 그의 활동은 열띤 흥분만 가진 채 국한되어 버린다. 성장이란 없다. 그 일꾼 속에 숨겨진 잠재력은 개발되지 않고 머지않아 촉망받던 지도자가 감독의 지도를 받지 못해 망쳐져 버린다. 성공은 승리의 전야에 사라진다. 한때 그렇게 좋아 보였던 것이 오히려 최선의 길을 방해하는 걸림돌이 되어 버린다.

확실히 하나님 나라를 위한 우리 노력의 많은 부분이 이런 이유 때문에 무산되어 버린다. 우리는 어떤 일을 하려고 하지 않기 때문이 아니라 적은 노력을 핑계 삼아 더 많은 일을 하지 않기 때문에 실패한다. 그 결과 태만 때문에 수년 간에 걸친 노력과 희생으로 얻은 유익을 잃어버리고 만다.

언제 우리는 전도하러 보낸 사람들의 첫열매만 가지고 만족하지 말라는 그리스도의 교훈을 배우게 될 것인가? 제자가 된 사람은 성장해야 한다. 완전한 승리와 바꿀 수 있는 것은 없으며, 우리의 일터는 온 세계다. 우리는 요새만 빼앗는 게 아니라 고지들을 휩쓸어 버리도록 부름을 받았다. 여기에 비추어 볼 때에라야 비로소 예수님의 전도 전략의 마지막 단계를 이해할 수 있다.

재생산 THE MASTER PLAN OF EVANGELISM 제 8 장
Reproduction

너희로 가서 과실을 맺게 하고 _ 요한복음 15:16

주님은 그들이 열매 맺기를 기대하셨다

예수님은 제자들로 하여금 세상에서 나온 사람들로 이루어진 교회 안에서, 교회를 통하여 주님을 닮은 사람들을 생산하게 하실 계획이었다. 그리하여 성령으로 행하시는 주님의 사역은 제자들의 삶에서 진행되는 사역에 의해 여러 배로 불어날 것이었다. 그들과 그들을 닮은 다른 사람들을 통해 주님의 사역은 제자들이 주님과 더불어 알고 있었던 기회를 다른 많은 사람이 그와 비슷한 방법으로 알 때까지 무한정한 범위까지 계속 확대될 것이었다. 이러한 전략에 의한 세계 정복은 오직 시간 문제요 주님의 계획에 대한 제자들의 충성의 문제일 뿐이었다.

예수님은 제자들 안에 사망과 음부의 권세에 도전하고 그것을 물리쳐 이길 교회 조직을 세우셨다. 그것은 겨자씨처럼 작게 시작했지만 크기와 힘에서 "모든 나물보다 큰" 나무가 될 때까지 자라게 될 것이다마 13:32 ; 참조, 막 4:32 ; 눅 13:18-19. 예수님은 모든 사람이 구원받을 것을 기대하시지는 않았지만주님은 사람들이 은혜에도 불구하고 반역할 것을 알고 계셨다, 주의 이름으로 말미암는 구원의 복음이 모든 피조물에게 설득력 있게 선포될 날을 내다보셨다. 그러한 증거를 통해 전투하는 주님의 교회는 언젠가 승리하는 교회가 되는 바로 그때에 우주적인 교회가 될 것이다.

정복이 쉽지는 않을 것이다. 많은 사람이 전투에서 박해와 순교를 당할 것이다. 그렇지만 주님의 백성이 통과하게 될 시련이 아무리 크고, 일시적인 작은 싸움에서 아무리 많이 진다 할지라도 궁극적 승리는 확실하다. 주님의 교회는 마침내 승리할 것이다.[1] 그 어떤 것도 영원히 교회를 압도하거나 "교회에 해를 끼칠 만큼 강력하거나 교회에 끝까지 대항하지 못할 것이다"마 16:18, 확대성경.

증거를 통한 승리

미래에 대한 믿기 어려운 확신은 현재 주님을 경배하는 사람들에 대한 주님의 지식에 근거를 두고 있었다. 주님은 제자들이 최소한 영광의 핵심을 배웠다는 것을 알고 계셨다. 그 무리의 대변인격인 베드로는 예수께 드린 고백에서 그것을 이렇게 요약했다. "주는 그리스도시요 살아 계신 하

---

1) 이 낙관론을 곡해하여, 여기서 강조한 세계 복음화가 그리스도의 영광스러운 재림의 필요성 또는 사실을 부정하는 것이라고 생각하지 않도록, 복음 전파는 오직 주님의 재림을 위해 길을 예비하는 것이라는 점을 되풀이하고자 한다(마 24:14). 이것은 마지막 때에 있을 그리스도의 직접적인 개입을 고려하지 않거나 하나님 나라가 인간의 재간으로 오게 된다는 것을 함축하지는 않는다. 이것은 우리가 천년 왕국에 대해 어떤 견해를 갖고 있든지 그것에 상관없이 사실이다.

나님의 아들이시니이다"마 16:16 ; 참조, 막 8:29 ; 눅 9:20. 여기에 파괴할 수 없는 진리가 있었으며, 예수께서 장차 얻을 승리를 마음속에 그리신 것도 이런 기초 위에서였다. 그래서 주님은 이렇게 대답하셨다. "너는 베드로라 내가 이 반석 위에 내 교회를 세우리니"마 16:18.

이 말씀은 일을 성취하는 데 인간이 먼저 시작하는 것이 중요함을 지적한다. 이 구절의 교회론적 함의로 야기된 흥분을 떠나서, 적어도 우리는 예수님의 말씀이 개인적으로 주님에게 신앙고백을 했던 한 사람에게 주어진 것이었다는 점에 동의해야 한다.[2] 자기의 스승이 바로 하나님의 아들이시라는 깨달음은, 예수님이 분명히 말씀하신 것처럼 베드로가 스스

---

2) 이 말씀의 개인적 면은 교회 안에서 베드로에게 우월성이 주어졌다는 암시를 피하려는 사람들에 의해 때때로 모호해진다. 그러나 그런 염려는 불필요하다. 왜냐하면 이 구절이나 성경의 다른 어느 곳에도 교황 제도를 지지하는 로마 가톨릭 교회의 주장을 뒷받침해 주는 것이 없기 때문이다. 많은 주석가가 그렇듯이, "반석"이 베드로를 가리키는 것이라고 말하는 것까지도 그리스도에 대한 믿음을 고백하는 데 그의 탁월성과 지도력을 강조하는 것에 지나지 않는다. 이 견해에 대해서는 A. B. Bruce, *The Expositor's Greek Testament*, ed. by Nicoll, Reprint(Grand Rapids, Eerdmans), pp. 224-225와 Phillip Vollmer, *The Modern Life of Christ*(New York, Revell, 1912), pp. 162-163 및 Meyer, Alford, Brown, Bengel의 주석을 보라. 그러나 다른 학자들은 여기 교회가 세워진다고 한 "반석"을 베드로와 분리해 생각하려고 한다. 그들은 몇 가지 해석 방향을 따르는데, 특히 "반석"은 베드로의 신앙고백을 의미한다는 생각이 대표적이다. 예를 들면, A. T. Robertson, *Word Pictures in the new Testament*, I(New York, Harper, 1930), pp. 131-133과 Luther와 Clark의 주석 및 *Pilgrim Bible* 등이 있다. 이 견해에 아주 가깝고 자주 이것과 혼합되는 것으로는 "반석"이 그리스도 자신이라는 견해가 있다. 예컨대, *Berkeley and Scofield* 성경의 주석에서는 어거스틴 및 제롬과 마찬가지로 이 입장을 지지한다. 어떤 학자들은 반석이 모든 신자의 대표인 베드로에게 적용된다고 믿는다. 이 해석의 예로는 John Calvin, *Commentary on a Harmony of the Evangelists*, II, Reprint(Grand Rapids, Eerdmans, 1949), p. 291을 들 수 있다. 이들 중 많은 이는 헬라어 본문에서 "베드로"(πέιρος)라는 낱말은 남성인 반면 "반석"(πέιρα)으로 번역된 말은 여성인 점을 중요하게 생각한다. 다른 곳에서 그 낱말들이 쓰인 용례를 볼 때, 이 구절로부터 베드로를 교회가 세워지는 "암반 자체"(rock formation itself)와 대조하여 "바위 조각"(a piece of rock formation)으로 보는 것이 가능해진다. 그렇지만 이 점에 대한 견해와는 상관없이 베드로가 그리스도의 말씀을 개인적으로 들었다는 사실은 여전히 남아 있으며, 만일 그가 그리스도의 신성에 대한 믿음을 개인적으로 고백하지 않았다면 심지어 바위 조각으로도 여겨질 수 없었을 것이다. 이 결론이 나에게는 위에 언급된 "반석"에 대한 모든 해석을 초월하여 분명한 사실로 생각된다.

로 이루어 낸 것은 아니었다마 16:17. 그렇지만 그의 생활에서 그런 계시를 체험한 것은 분명히 주님의 "살과 피"혈육를 떠나서는 있을 수 없었고, 그 사실을 다른 사람들에게 충실하게 전달하는 것을 통해 그리스도의 교회는 승리할 수밖에 없었다.[3]

어떻게 교회가 멸망할 수 있겠는가? 살아 계신 그리스도에 대한 사도의 신앙은 바위-베드로가 "모퉁이의 머릿돌"이신 주님으로 깨달은 바위, 모든 신자가 "산 돌"이 되어 그 위에서 주님의 교회를 지어가는 바위-처럼 단단하게 굳어져 그의 삶에 깊이 새겨졌다벧전 2:4-8 ; 참조, 엡 2:20-22.[4]

그렇지만 우리는 그리스도를 증거하는 일과 세상에 대한 궁극적 승리 사이의 직접적 관계를 보지 못하면 안 된다. 어느 한쪽이라도 없으면 안 된다. 성령의 능력으로 두 역동적 요소를 하나로 묶는 데에 예수님의 전도 전략의 최고의 천재성이 있다.

준수된 원리

모든 것은 제자들에게 귀착된다. 그들은 주님의 포위 공격의 선봉대였다. 주님은 "저희 말을 인하여" 다른 사람들이 주님을 믿게 되고요 17:20, 그 사람들은 다시 그 말씀을 다른 사람들에게 전하여 마침내 온 세상이 주님

---

[3] "반석"을 베드로의 고백의 신실성으로 해석하는 것이 정당하다고 보는 입장에 대한 재미있는 분석으로는 랑게(Peter Lange)를 보라. Peter Lange, *Commentary in the Scriptures*, Matthew, Reprint (Grand Rapids, Zondervan), p. 298. 그러나 여기서 내가 제시한 견해는 어떤 특정한 낱말이 아니라 이 구절의 전체 분위기와 관계가 있다.

[4] 베드로 자신이 이런 비유를 만들었다는 것은 주목할 만하다. 더욱이 그의 편지에 개인적 우월성에 대한 주장이 없다는 것은, 베드로는 주께서 그에게 어떤 특별한 교회적 또는 영적 권위를 부여하신 것으로 이해하지 않았다는 것을 설득력 있게 나타낸다.

이 누구시며 무엇하러 오셨는가를 알게 되기까지 이르기를 바라셨다요 17:21, 23. 주님의 전체적인 전도 전략은—사실 주님의 참 목적의 성취는 그가 세상에 와서 십자가에서 죽으시고 무덤에서 살아나신 것이다—주님이 선택하신 제자들의 이 과업에 대한 충실성에 달려 있었다. 그들이 열매를 맺고 또 자기 제자들에게 재생산을 하도록 가르치는 한 얼마나 적은 수로 시작했느냐는 문제가 되지 않았다.

주님의 교회는 이런 방법—즉, 주님의 영과 방법에 마음이 움직여 다른 사람들에게 말하지 않을 수 없을 만큼 구주를 잘 아는 사람들의 헌신된 삶을 통한 방법—으로 승리하게 되어 있었다. 비록 단순해 보일지 모르지만 이것이 바로 복음이 세상을 정복해 가는 방법이었다. 주님은 다른 계획을 세우지 않으셨다.

주님의 사역을 위한 시험

최종적인 엄격한 시험이 있었다. 주님이 떠나신 후에도 제자들이 주님의 일을 계속할 것인가? 혹은 더 핵심적으로 말해, 제자들이 육신을 입으신 주님의 직접적인 지도 없이도 그전만큼 일을 잘해 낼 수 있겠는가? 너무 지나친 요구로 들릴지 모르지만 순전히 인간적 관점에서 볼 때, 그들의 영적 성장이 이 수준에 도달할 때까지는 예수님으로서도 제자들에게 투자하신 것이 하나님 나라를 위해 기대했던 성과를 나타내리라고 결코 확신할 수 없었을 것이라는 게 사실이다. 그들이 주님의 영과 방법을 이 일을 계속할 다른 사람들에게 전해 주지 못한다면, 주님이 여러 해 동안 그들과 더불어 일하신 것은 곧 허사로 돌아가고 말 것이다.

예수께서 제자들의 마음속에, 그리스도의 생명을 재생산하는 데에는 주님의 생명이 필요할 뿐 아니라 결코 없어서는 안 된다는 것을 그처럼 잊혀지지 않게 심어 주신 것은 놀라운 일이 아니다.

그 한 예로는 포도나무와 가지의 비유를 들 수 있다요 15:1-17. 주님의 가장 단순하면서도 심오한 비유 가운데 하나인 이 비유에서, 그리스도께서는 포도나무그 자신와 가지믿는 자들의 목적은 열매를 맺는 데 있음을 설명하셨다. 따라서 열매를 맺지 못한 가지는 농부의 손에 잘려 나간다. 그것은 쓸모가 없다. 나아가 열매를 맺는 가지들은 더 많이 맺을 수 있도록 농부가 가지치기를 해준다 15:2. 포도나무가 가지고 있는 생명을 지탱해 주는 힘이 생명 없는 가지에는 끝없이 공급될 수 없다.

포도나무에 붙어 있는 가지가 살아 남기 위해서는 열매를 맺어야 한다. 그것이 가지의 본래의 목적이기 때문이다. 예수님은 이것을 제자들에게 적용하셨다. 그들이 주님의 생명에 참여자로 있는 한 주님의 열매를 맺게 될 것이고요 15:5, 8, 나아가 그들의 열매는 항상 있게 될 것이다요 15:16.[5] 열매 없는 그리스도인은 모순된 사람이다. 나무는 그 열매로 안다.

이 원리는 주님의 사역 전반에 걸쳐 거듭 강조되었다. 그것은 세상을 위한 주님의 희생에 대한 필연적 보상으로 이해되었다요 12:24 ; 참조, 17:19. 그것은 하늘에 계신 아버지의 뜻을 행하는 사람들의 구별되는 특징이라고 하셨다마 7:16-23 ; 눅 6:43-45. 그것은 추수의 일꾼으로 수고한 것에 대해 제자들에게 주시는 삯으로 해석되었다요 4:36-38. 그것은 "세상의 염려와 재

---

[5] 이 전체 구절에서 열매가 언급될 때마다 그 단어가 현재시제로 되어 있다는 것 또한 흥미롭다. 이것은 헬라어 본문에서는 열매 맺는 것이 계속적인 일, 즉 재생산을 거듭하는 일임을 의미한다.

리의 유혹과 기타 욕심" 때문에 자기 마음속에 심어진 하나님의 말씀을 질식시켜 버린 사람들에게는 부인되는 것으로 인식되었다막 4:18-20 ; 마 13:22-23 ; 눅 8:14-15. 그것은 주님의 눈에 그처럼 사악하게 보였던 바리새인과 사두개인들의 생활에는 결여되어 있는 것으로 관찰되었다마 3:7-8, 12:33-34 ; 눅 13:6-9.

다양한 방법으로 온갖 사람들 중에서 예수님은 그들의 생활의 열매를 평가할 사람들을 부르셨다. 이것은 그들의 됨됨이를 드러내는 것이었다. 열매 맺는 일을 먼저는 우리 안에서 그 다음엔 다른 사람들 안에서 그리스도의 생명을 재생산하는 보다 넓은 관계로 본 곳에서는, 주께서 말씀하시고 행하신 모든 것은 하나같이 이 원리를 지향했다.

대위임 명령

교회에 주신 그리스도의 대위임 명령은 이 원리를 "모든 족속으로 제자를 삼으라"는 명령에 요약해 놓았다마 28:19. 여기에 나온 낱말은 제자들이 세상에 나가 자신들과 같이 그리스도의 제자가 될 사람들을 얻어야 한다는 것을 암시하고 있다. 이 명령은 이 구절의 헬라어 본문을 공부해 보면 한층 더 뚜렷해진다. "가서", "세례를 주고", "가르쳐" 등은 모두 하나의 지배동사인 "제자를 삼아"에 의존하는 분사들이다.[6]

---

6) 나는 Roland G. Leavell 박사의 저서 *Evangelism, Christ's Imperative Commission*(Nashville : Broadman, 1951), p. 3에서 이것을 보고 도움을 얻었다. 그러나 분사 "가서"는 동사와 상관적인 관계에 놓여 있어서 역시 명령이 된다. 이 구절을 살피기 위해 내가 조사한 주석서 중 어느 한 권도 위에 언급된 분사에 대한 강조를 정당화시켜 주는 헬라어 문법을 인식하고 있는 것이 없다는 것을 발견하고 놀라지 않을 수 없었다.

이것은 대위임 명령이 단순히 복음을 전하러 땅끝까지 가는 것이나막 16:15, 삼위일체 하나님의 이름으로 많은 개심자에게 세례를 주는 것이나, 그들에게 그리스도의 교훈을 가르치는 것이 아니라 "제자를 삼는 것", 즉 제자들을 그리스도의 명령에 매여 주님을 따를 뿐 아니라 다른 사람들을 주님의 길로 인도할 사람들을 세우는 것이라는 뜻이다. 제자를 세울 때만이 비로소 다른 활동들이 목적을 달성할 수 있는 것이다.

추수할 일꾼들을 위해 기도하라

지도자를 강조하셨다. 예수님은 이미 무리가 추수할 수 있게 무르익었다는 것을 그 자신의 사역을 통해 나타내 보였지만, 이끌어갈 영적 목자들이 없다면 어떻게 그들을 얻을 수 있겠는가? "그러므로 추수하는 주인에게 청하여 추수할 일꾼들을 보내어 주소서" 하고 기도하라고 예수님은 제자들에게 말씀하셨다마 9:37-38 ; 참조, 눅 10:2. 이 말에는 절규에 가까운 어조가 담겨 있다. 무리의 영혼을 돌볼 일꾼들이 세상에 절대적으로 필요하다는 인식에서 흘러나온 절규다.

세상을 위해 기도해 봐야 소용이 없다. 그것이 무슨 도움이 되겠는가? 하나님께서는 이미 세상을 사랑하셔서 구원하려고 아들을 주셨다. 그렇다, 세상을 위해 막연하게 기도해 봐야 아무런 소용없다. 세상은 죄 안에서 상실되고 눈이 멀어 있다. 세상을 위한 유일한 희망은 구원의 복음을 들고 사람들에게 나가 그들을 구주께 인도하여, 그들을 내버려두지 않고 그들과 함께 충성을 다해 인내하며 부지런히 일하는 데 있다. 마침내 그들이 구속주의 사랑으로 자기를 둘러싼 세상을 구원하는 충성된 그리스도인이 될 때까지 말이다.

우리 생활에 적용되는 원리

마지막으로 우리의 생활과 증거가 세상의 구주이신 분의 지고한 목적을 수행하고 있는지 평가해야 한다. 우리를 따라 그리스도께 온 사람들이 지금 다른 사람들을 그리스도에게 인도하고 제자를 만들기 위해 그들을 가르치고 있는가? 주의하라. 멸망해 가는 사람들을 구출하는 일은 꼭 해야 할 일이지만 거기에 머물러서는 안 된다.

믿음 안에서 새로 태어난 아기를 키우는 것도 첫열매가 존속하기 위해 필요한 일이지만 그것으로는 충분하지 않다. 참으로 그들이 영혼들을 얻을 수 있도록 내보내는 일도 권장해야 할 일임에는 틀림없지만 그게 전부는 아니다.

우리의 일을 영속시키는 데 정말 중요한 것은 단순히 개심자들이 나가서 더 많은 제자를 얻는 것이 아니라 그들 중에서 얼마나 충실하게 지도자들을 만들어 내느냐 하는 것이다. 지금 우리는 이 세대를 그리스도께 인도하기 원하지만 그것만으로는 충분하지 않다. 우리의 일은 복음으로 구속받은 사람들의 생활에서 그것이 계속되도록 해놓기까지는 결코 끝나지 않는다.

이와 같이 전도의 시금석은 현재 눈에 보이는 것이나 보고서에 나타나는 것이 아니라 다음 세대에 계속되는 그 일의 효과에 있다. 마찬가지로 교회가 그 성패를 가늠해야 할 기준은 얼마나 많은 이름을 명부에 보냈는가 또는 예산이 얼마나 늘었는가 하는 것이 아니라, 얼마나 많은 신자가

능동적으로 영혼들을 얻어 또 다른 사람들을 얻을 수 있도록 그들을 훈련했는가 하는 것이다. 우리의 증거가 궁극적으로 미치는 범위가 중요한 것이다. 이러한 이유로 가치의 척도는 영원성에 있을 수밖에 없다.

이제는 모두 이 관점에서 우리 생활과 사역을 다시 살펴볼 때가 아닌가? 도슨 트로트맨의 말처럼 "우리의 사람들은 어디 있는가?"[7] 그들은 하나님을 위해 무엇을 하고 있는가? 우리의 수고를 증명해 줄 참 제자가 단 한 사람이라도 있다면 그것은 교회의 장래에 어떤 의미가 있을 것인가 생각해 보라. 이는 즉각 우리의 영향력을 배가시켜 주지 않겠는가?

또 첫 번에 성공한 것과 똑같이 우리를 닮은 사람을 하나 만들었다고 상상해 보라. 이는 우리의 생명을 네 배 이상 증식시켜 주지 않겠는가? 이론적으로 볼 때 적어도 이러한 증식 방법을 사용하면 우리의 사역만으로도 머지않아 큰 무리에게 복음으로 손을 뻗칠 수 있다. 우리가 제자로 부른 그 사람이 참으로 주님의 발자취를 따른다면 말이다.

교회 역사가 증명함

초대 제자들에게서 이것이 이루어졌다는 점에 우리는 감사할 수 있다. 그들은 복음을 대중들에게 전했으며, 믿는 사람들의 교제를 세워가는 일도 쉬지 않았다. 주께서 교회에 구원받는 사람을 날마다 더해 주실 때, 사도들은 주님이 하셨던 것처럼 자신들의 사역을 확장시킬 수 있도록 사람들

---

7) Dawson Trotman, *Born to Reproduce*(Lincoln, Nebr. : Back to the Bible Publishers, 1959), p. 42. 네비게이토 창시자가 쓴 이 소책자는 이 주제에 관심 있는 사람이면 누구나 읽어야 한다.

을 양육하고 있었다. 사도행전은 그리스도의 삶에서 이미 윤곽이 잡힌 전도 원리들을 성장하는 교회의 생활 속에서 실증하는 것뿐이다.

초대교회는 세계 정복을 위한 주님의 전도 계획이 맞아떨어진다는 것을 증명했다고 말하는 것으로 족하다. 그들의 증거가 얼마나 큰 영향을 미쳤던지 그 세기가 지나가기 전에 당시의 이방 사회는 밑바닥까지 흔들렸고, 대부분의 인구 조밀 지역에는 성장하는 교회가 설립되었던 것이다. 교회의 시작에서 특징을 이루었던 그 기세가 교회의 전도 활동에서 계속되었다면 몇 세기 안에 온 세계의 대중들은 주님의 손길을 맛보았을 것이다.

실패한 지름길

시대가 바뀌고 점차 예수님의 단순한 전도 방법도 새로운 모습으로 변했다. 물론 원리의 적응은 변하는 상황에 비추어 언제나 필요한 것이지만, 이런 저런 이유로 그 원리들 자체가 복음에 새로운 모습을 부여하려는 욕심에 휩쓸려 혼란에 빠져 버렸다. 지도자 개발과 재생산이라는 많은 희생이 필요한 원리가 대량 모집이라는 더 쉬운 전략 밑에 묻혀 버렸다. 대중의 인정이라는 근시안적 목표가 세계에 손을 뻗치는 장기적 목표보다 일반적으로 앞서게 되었으며, 교회가 채용한 전도 방법들은 전체적으로건 개별적으로건 이러한 순간적인 관점을 반영했다.

간간이 위대한 영적 부흥이 있었을 때처럼 예수님의 방법에 담긴 원리들이 전면에 나타났지만, 교회사를 보는 이 관찰자의 눈에는 그러한 시기란 잠깐이었을 뿐 대다수 교인의 상상력을 결코 사로잡지는 못했다. 예수님의 계획은 부정된 게 아니라 단지 무시되었을 뿐이다. 그것은 과거를 존중한다는 뜻에서 기억될 뿐이지, 현재의 행동 법칙으로 진지하게 받아들여지지는 않는다.

오늘의 문제

이것이 오늘날 우리의 방법론의 문제다. 성령의 능력을 받은 사람들만이 할 수 있는 일을 인간의 지혜로 계획한 의식과 프로그램, 조직체, 회의, 전도 집회 등으로 해보려고 필사적으로 노력한다. 이런 고상한 노력들을 낮게 평가하려는 것은 아니다. 왜냐하면 그것들이 없다면 교회는 지금처럼 활동하지 못할 것이기 때문이다. 그렇지만 주님이 실행하신 개인적 선교 원리가 모든 계획의 정책과 구조 속에 생명력 있게 통합되지 않는다면 교회는 정당한 모습으로 작용할 수 없다.

언제 우리는 전도가 어떤 것이 수행하는 일이 아니라 어떤 사람이 수행하는 일이라는 사실을 깨닫게 되는가? 전도는 하나님의 사랑의 표현이며, 하나님은 인격체시다. 그분의 인격적 본성은 인격을 통해서만 표현될 뿐이다. 처음에는 그리스도 안에서 충만히 계시되었고, 이제는 그리스도께 굴복한 사람들의 삶에서 성령을 통해 표현되는 것이다. 위원회는 전도 사업을 조직하고 지도하는 데 도움을 줄 수 있고 그 목적을 위해서는 분명히 필요한 것이지만, 일 자체는 그리스도를 위해 다른 사람들에게 손을 뻗치는 사람들이 해낸다.

바로 이 때문에 우리는 바운즈와 더불어 "**사람이 하나님의 방법이다.**"[8] 라고 말해야 한다. 우리가 성령에 감동되고 그의 계획에 헌신된 사람을 얻기 전에는 우리의 방법은 하나도 먹혀 들지 않을 것이다.

이것이 우리에게 필요한 새 전도이다. 그것은 더 나은 방법이 아니라 더 나은 사람이다. 구속주를 소문이 아닌 체험으로 알고 있는 사람, 세상을 향한 주님의 포부와 열정을 눈으로 보는 사람, 주님이 모든 것이 되시도록 하기 위해 아무것도 안 될 준비가 된 사람, 그리스도께서 그의 기쁘신 뜻을 따라 자기 안에서 자기를 통하여 그의 생명을 낳으시기만을 원하는 사람이다.

이것이 결국 주님께서 자신의 목적이 땅 위에서 실현되도록 계획하신 방법이며, 그의 전략에 따라 수행되는 곳에서는 음부의 권세가 세상의 복음화에 대항해 압도하지 못하는 것이다.

---

8) E. M. Bounds, *Power Through Prayer*, Reprint(Chicago : Moody Press, 기도의 능력—본사 역간), p. 7. 교회사에서 일어난 위대한 부흥과 선교 운동 이야기는 하나같이 이 진술에 담긴 진리를 증명해 줄 것이다. 그런 까닭에 성경 외에 성도의 전기를 읽는 것은 다른 어떤 것보다도 전도에 더 많은 자극을 줄 것이다. 이 분야에 대해 다양하고 규칙적인 독서 계획을 세우는 것도 좋은 방안이 될 것이다. 수많은 책이 있지만 그중에서 반드시 읽어야 할 것으로는 *Life and Diary of David Brainerd*, edited by Jonathan Edwards(Chicago : Moody Press, 1949)와 Howard Taylor 부부가 아버지의 전기로 쓴 *Hudson Taylor's Spiritual Secret*(London: China Inland Mission, 1950, 허드슨 테일러의 생애—본사 역간)와 아직도 발간되고 있는 *Memoirs of Rev. Charles G. Finney*(New York: Fleming H. Revell Co., 1873)와 Clarence Wilbur Hall이 쓴 성자 Brengel의 이야기 *Portrait of a Prophet*(New York : Salvation Army, 1933), 그리고 Jim Elliot의 경건한 일생에 대해 그의 아내 Elisabeth Elliot가 그의 편지와 일기를 엮어 쓴 *Under the Shadow of the Almighty*(New York: Harper & Brothers, 1958) 등이 있다. 이것들과 그 외에 이와 비슷하게 비전과 헌신의 사람들에 대해 쓴 진실된 이야기들은 우리에게 하나님을 위해 더 많은 일을 하도록 도전할 것이다.

주님과 당신의 계획

THE MASTER PLAN OF EVANGELISM 결론

나는 알파와 오메가라 _ 요한계시록 1:8

인생에는 계획이 있다

당신의 인생 계획은 무엇인가? 사람은 누구나 계획을 세우고 살지 않으면 안 된다. 계획이란 인생의 목표를 수행할 때 그 중심이 되는 구성 원리이다. 우리는 각각의 행동에서 계획을 염두에 두지 않거나 계획이 있다는 것조차도 의식하지 못할지 모르지만, 우리의 행동은 어김없이 만사의 중심에는 어떤 종류의 패턴이 있다는 것을 드러낸다.

실제로 거기에 집중해 우리의 목표와 우리가 그것을 어떻게 달성하려고 하는가 주의깊게 살펴보았을 때, 발견하는 것은 그다지 만족스럽지 않은 것일지도 모른다. 그러나 정직한 평가를 함으로 우리 모두는 소명에 더 관심을 기울여야 한다. 적어도 예수님의 길이 모든 행동을 평가해야 할 법칙이라고 믿는 사람들은 그래야 한다.

우리가 스스로 만든 마음속의 어떤 계획은 다시 방향을 잡든지 어쩌면 아예 포기해 버려야 할지 모른다. 괴롭게도 주님의 사역관을 따라가기 위해 모임을 조정해야 할지도 모른다. 아마 성공에 대한 우리의 전반적 개념을 다시 검토해야 할 경우가 많을 것이다. 그렇지만 여기에 요약한 원리들이 조금이라도 타당성이 있다면 마땅히 행동지침으로 알아야 한다. 이 원리들은 지금 하루하루 살아가는 일에 적용할 때에야 비로소 우리 생활에서 어떤 실제적 중요성을 갖게 된다. 이 원리들이 참되다는 것은 실제에 들어맞아야 한다는 뜻이다.

방법은 다양하다

그렇다면 우리 각 사람은 예수님의 전략에 담긴 지혜를 우리 자신이 좋아하는 전도 방법에 통합할 방안을 찾아야 한다. 모든 사람이 똑같은 의식儀式이나 절차상의 구성을 채용하게 되지는 않을 것이며, 모든 사람을 똑같은 틀에 짜 맞추려고 해서도 안 된다. 다양성은 바로 우주의 구조 안에 들어 있으며, 하나님께서 기쁘게 사용하시는 방법이면 어느 것이든 좋은 방법이다.

그렇다고 우리의 일하는 방식이 향상될 가능성을 배제하는 것은 아니다. 주님은 우리가 따라야 할 윤곽을 주시지만 구체적인 점은 특유의 상황과 전통에 따라 우리가 안출해 내기를 바라신다. 이것은 우리가 가진 모든 재주와 적응 능력을 요구한다. 상황이 바뀜에 따라 새롭고 대담한 접근 방법을 시도할 필요가 있다.

그러나 시도한 일마다 먹혀 들지는 않을 것이다. 일을 이루기 위한 방법을 찾기 위해 결단을 내릴 때, 실패를 꺼리는 사람은 결코 시작하지도 못할 것이며, 재삼 재사 시도하기를 두려워하는 사람은 큰 진보를 이루지 못할 것이다.

사람의 중요성

우리의 방법론이 어떤 형태를 취하든지 간에 예수님의 생애는 사람을 찾아 훈련하는 일에 우선을 두어야 한다는 것을 가르친다. 일반 대중은 살아 있는 증인이 없으면 복음을 알 수 없다. 그들에게 설명해 주는 것만으로는 부족하다. 세상의 방황하는 대중들은 믿어야 할 것에 대한 실증을 보아야 한다. 그들 가운데 서서 "나를 따르시오. 내가 길을 알고 있소."라고 말할 사람이 있어야 한다.

우리의 모든 계획이 초점을 맞춰야 할 곳이 바로 여기다. 이 외에 우리의 강조하는 바가 아무리 영적이라 할지라도 우리가 하는 모든 일의 영구적 적절성은 바로 이 과업을 얼마나 잘 성취하느냐에 따라 달라질 것이다.

그렇지만 우리는 그리스도께서 필요로 하시는 인력人力은 우연히 생기지 않는다는 것을 깨달아야 한다. 정교한 계획과 집중된 노력이 있어야 한다. 사람들을 훈련하려고 할진대 그들을 위해 일해야 한다. 그들을 찾아야 한다. 그들을 얻어야 한다. 무엇보다도 그들을 위해 기도해야 한다. 어떤 이들은 이미 교회에서 직분을 맡고 있다. 어떤 이들은 아직 그리스도께로 나오라는 초청을 기다리는 사람들 가운데 있다. 그러나 그들이 어디에 있든지 주님의 효과적인 제자가 되기 위해서는 그들에게 손이 미쳐서 훈련을 받아야 한다.

소수로 시작하라

우리는 처음부터 많은 수를 기대하거나 그것을 바라서도 안 된다. 최선의 일은 항상 소수로 이루어진다. 그리스도를 위한 정복이 무엇을 의미하는지 아는 한두 사람에게 한해를 바치는 것이 프로그램만 유지해 주는 회중과 더불어 평생을 보내는 것보다 낫다. 시작이 얼마나 미약하냐는 문제가 아니다. 중요한 것은 우리가 자신의 생활보다도 귀중하게 생각하고 키운 사람들이 자기 생활을 거저 줄 줄 알게 되는 것이다.

함께 지내라

이것을 이루는 실제적 방법은 함께 지내는 것밖에 없다. 우리의 제자들이 우리를 통해 자기들이 어떻게 되어야 할 것인지 보게 되려면 그들과 함께 있어야 한다. 이것이 그 계획의 핵심이다. 그들이 우리의 비전을 느끼고 그것이 일상적 경험과 어떻게 연결되는가 알 수 있도록 하기 위해 우리의 삶을 보게 하는 것이다. 그리하여 전도는 그들에게 다른 모든 일에 영향을 미치는 친밀하고 실제적인 일이 된다. 전도는 신학적 교조가 아니라 하나의 생활 양식으로 보이게 된다. 더욱이 함께 지내면서 그들은 우리의 사역에 참여하지 않을 수 없게 된다.

그들에게 시간을 주라

물론 이와 같은 계획은 시간이 걸릴 것이다. 가치 있는 일은 무엇이든 그렇다. 그러나 미리 조금만 생각하면, 우리가 어쨌든 해야 할 많은 일을 함께할 계획을 세울 수 있다. 그런 일로는 심방, 수련회 참석, 휴양, 함께 예배드리기 등을 들 수 있다. 이렇게 하면 함께 지내는 데 드는 시간을 과중하게 만들 필요가 없다. 마찬가지로 대부분의 시간에 우리의 제자들은 우리가 다른 사람들에게 봉사할 때 함께 있으면서 사실상 우리가 더 널리 손을 뻗치는 일에 도움을 줄 수 있다.

그룹 모임

이 체제에 안정을 주기 위해서는 그룹 또는 그 일부가 우리와 함께 모일 특별한 시간을 마련할 필요가 있을지 모른다. 형식에 매이지 않은 이 모임에서 우리는 성경을 공부하고 기도하며 우리의 가장 깊은 짐과 욕구들을 전반적으로 나눌 수 있다. 무엇을 하는지 광고할 필요가 없다. 심지어 처음에 우리의 궁극적 계획이 무엇인지 그룹에게 알릴 필요도 없다. 다만 교제에 대한 공통의 필요에서 그러한 모임들이 생기게 하라. 거꾸로 그룹은 교회의 틀 안에서 그 자체를 위한 특수한 훈련을 끌어낼 수 있게 된다.

그룹에 대한 이러한 착상은 오늘날 많은 곳에서 재발견되고 있다. 이것은 아마 각성을 일으키는 희망적인 조짐의 하나일 것이다. 생활의 모든 분야와 교회 생활의 모든 부문에서 작은 영적 유기체들이 일어나고 있다. 혹은 방향을 찾으려고 몸부림치고 있고 혹은 옆길로 빗나갔지만, 대체로 그 운동은 사람들의 마음속에 있는 기독교적 체험의 실재들에 대한 깊은 동경을 표현하고 있다. 그 소집단들은 전통이나 외부에서 강요되는 고정된 규칙에 매이지 않기 때문에 취하는 강조점과 형태에서 큰 차이가 있지만,

그룹내에서의 밀접하고도 단련된 교제라는 원리는 대부분의 집단에 공통적이다. 그 중심에 자리 잡은 바로 이 원리 때문에 그 방법은 성장으로 직결되며, 그런 이유로 우리 모두는 사람을 대상으로 하는 사역에 그것을 이용하면 좋을 것이다.[1]

이런 맥락에서 오늘날 세계적인 전도자 빌리 그레이엄이, 이 계획을 교회에서 적절하게 채용했을 때 발휘할 막대한 잠재력을 인정하고 있다는 것은 대단히 의미심장한 일이 아닐 수 없다.

"만일 당신이 대도시 큰 교회의 목사라면 어떤 행동 계획을 세우시겠습니까?"라는 질문에 그레이엄 목사는 이렇게 대답했다.

"제가 할 첫 번째 일 중 하나는 여덟이나 열 또는 열두 사람 정도로 이루어진 작은 그룹을 갖는 것이라고 생각합니다. 일주일에 몇 시간씩 모여 대가를 지불하는 겁니다. 그들은 시간과 수고를 바쳐야 하겠지요. 저는 모든 것을 그들과 함께 나누겠습니다. 몇 년 동안 말입니다. 그리하여 저는 평신도들 중에 열두 사역자를 갖게 되겠죠. 그들 역시 여덟이나 열 또는 열둘 남짓을 데리고 가르칠 수 있는 사람들이 되는 겁니다. 저는 그렇게 하고 있는 한두 교회를 알고 있으며, 그것 때문에 그 교회에는 혁명이 일어

---

1) 이 운동에 관련된 정보는 소집단의 기능과 조직을 포함하여 아주 많다. 우리는 이에 관한 자료를 분별해 읽을 필요가 있는데, 그것은 신학적 기반이 매우 얄팍한 것들이 많기 때문이다. 그렇지만 그것 때문에 착상 그 자체에 대한 우리의 관심을 흘려 버릴 수는 없다. 이 노선에서 나온 실제적 제안들을 보려면, 다음에 열거한 최근의 저작들이 도움이 될 것이다. Harry C. Munro, *Fellowship Evangelism Through Church Groups*(St. Louis : Bethany Press, 1951) ; Harold Wiley Freer and Francis B. Hall, *Two or Three Together*(New York: Harper & Brothers, 1954) ; John Casteel, *Spiritual Renewal Through Personal Groups*(New York: Association Press, 1957) ; Paul Miller, *Group Dynamics in Evangelism*(Scottdale, Penn. : Harold Press, 1958) ; Robert A. Raines, *New Life in the Church*(New York : Harper & Brothers, 1961) ; Samuel M. Shoemaker, *With the Holy Spirit and With Fire*(New York : Harper & Brothers, 1960).

나고 있습니다. 제 생각에는 그리스도께서 그 전형을 세우셨습니다. 주님은 대부분의 시간을 열두 사람과 함께 보내셨습니다. 큰 무리와 더불어 시간을 보내지 않았습니다. 사실상 큰 무리를 만나셨을 때마다 제가 보기에는 별로 큰 성과가 없었습니다. 제가 보기에 위대한 성과는 주님의 개인적 대화와 열두 제자와 보낸 시간에서 나왔습니다."[2]

그들에게 무언가 기대하라

사람들을 어떤 소집단 교제에 참여시키는 것만으론 충분치 않다. 소집단을 조금 크게 표현한 것이 바로 교회이기 때문이다. 사람들에게는 그들이 배운 것을 표현할 수 있는 길을 주어야 한다. 이처럼 전도할 기회를 주지 않으면 그 그룹은 자기 만족에 빠져 마침내 서로 좋아서 쳐다보는 사교 모임 정도로 형식화되어 버릴 수 있다. 우리는 목적을 분명하게 해야 한다. 우리가 세상에서 떨어져 있는 시간은 갈등에서의 해방이 아니라 공격할 힘을 더 많이 얻기 위한 작전일 뿐이다.

우리가 할 일은 사람들에게 그들의 최선을 요구하는 어떤 할 일을 주는 것이다. 누구라도 무언가는 할 수 있다.[3] 처음의 과제는 정기적이고 반복

---

[2] Billy Graham, "Billy Graham Speaks : The Evangelical World Prospect", *Christianity Today*, Vol. III, No. 1, 1958년 10월 13일자 p. 5에 실린 독점 인터뷰.
[3] 최근에 평신도 사역의 부흥에 관해 많은 이야기가 있었지만, Paul Rees의 *Stir up the Gift*(Grand Rapids: Zondervan, 1952)보다 이 문제를 더 잘 다룬 책은 없다. 이 생각을 기탄 없이 적용한 사례가 발견되는 책들로는 J. E. Conant, *Every Member Evangelism*(New York: Harper & Brothers, 1922) ; Tom Allan, *The Face of my Parish*(New York: Harper & Brothers, 1953) ; Elton Trueblood, *The Company of the Committed*(New York: Harper & Brothers, 1961)와 감격적인 선교 이야기 *Evangelism-in-Death*(Chicago : Moody Press, 1961)를 들 수 있다. 또한

적인 과업일 것이다. 이를 테면 편지를 부친다든지, 옥외 집회를 위한 공중 연설 장치를 세운다든지, 말이 났으니 말이지만 단순히 자기 집에서 우리를 대접하게 하는 일 등을 들 수 있다. 그러나 그들이 더 많은 일을 할 수 있게 됨에 따라 점차 이런 책임들은 증가될 수 있다.

가르치는 은사가 있는 사람들은 주일 학교에서 활용될 수 있다. 머지않아 우리는 편의에 따라 그들의 능력에 맞는 목회 일을 몇 가지 맡길 수 있게 된다. 어느 누구라도 병자를 찾아보거나 병원을 방문하는 일은 할 수 있다. 어떤 사람에게는 설교할 기회를 몇 번 주거나 가까운 강단을 채우도록 격려할 수도 있다. 물론 모든 사람에게 개인 전도에 대한 어떤 구체적인 일을 줄 필요가 있다.[4]

그들이 새신자 양육보다 교회의 사역에 더 본질적인 공헌을 하는 것은 아마 없을 것이다.[5] 여기서 그들은 아직 그리스도 안에서 어린아이인 사

선교적 관점에서 썼고 한 세대 전에 처음 나온 이후 지대한 영향을 끼쳐 온 관련 저작으로 Ronald Allen, *Missionary Methods : St. Paul's or Ours*(London : World Dominion Press, 1953)와 그 자매편인 *The Spontaneous Expansion of the Church*(London : World Dominion Press, 1949)가 있다.

4) 개인 전도의 방법을 다루는 자료들은 풍부하며 일반적으로 쉽게 접할 수 있다. 예상할 수 있는 대로 모든 자료의 질이 다 같은 것은 아니지만 그 판단은 학생 각자가 스스로 해야 한다. 이 주제에 접근하는 방법이 너무나 많기 때문에, 그 분야에 대한 몇몇 사람들의 의견을 읽는 게 도움이 될 것이다. 그들 중에는 Arthur Archibald, Dawson Bryan, Robert H. Belton, S. L. Brengel, Shelby Carlett, J. Wilbur Chapman, Percy Crawford, David Dawson, Horace F. Dean, Gaines I. Dobbins, Murray W. Downey, Howard Ellis, William Evans, Leroy Gager, Gene Edwards, Albert F. Harper, Elmer Kauffman, Phillips Henderson, E. M. Harrison, Lionel Hunt, Nate Krupp, A. W. Knock, Florence Kee, Oscar Lowry, C. S. Lovett, J. C. Maculay, H. S. Miller, Roscoe Pershall, Rosalind Rinker, Stephen F. Olford, John A. O'Brien, Pery O. Ruoff, J. O. Sanders, Lorne C. Sanny, L. R. Scarborough, John T. Sisemore, Edgar J. Smith, Charles H. Spurgeon, John S. Stamm, Dimmock Steeves, G. Ernest Thomas, D. P. Thomson, R. A. Torrey, Charles G. Trumbull, H. Clay Trumbull, Orville S. Walters, Alonzo F. Wearner, F. D. Whitesell, S. A. Witmer, Walter L. Wilson 등이 있다. 이 명단은 완전한 것이 아니지만 최소한 누구라도 더 많은 정보를 얻을 기회를 갖지 못할 이유가 없다는 것을 보여주고 있다.

람들과 함께 지내고 자기들이 가르침을 받은 것과 같은 훈련의 길로 새신자들을 인도함으로 사역에 없어서는 안 될 역할을 담당할 수 있다. 그리하여 우리가 이 사역을 위해 훈련하는 사람들은 교회의 전도에 대한 모든 노력을 지속시키는 열쇠가 된다.[6] 계속적인 진보뿐만 아니라 교회의 지속적인 전도를 공고히 하는 데도 그렇다.

멈추지 말게 하라

모든 일은 이 사람들의 개인적 성장과 그들이 다른 이들과 일하는 면에서 많은 지도를 필요로 할 것이다. 우리는 습관처럼 그들을 만나 일이 어떻게 돌아가는지 들어야 할 것이다. 이것은 그들이 있는 곳으로 찾아가거나, 그들이 우리와 함께 다른 활동을 하고 있을 때 상담해 주는 것을 의미한다. 그들이 경험에서 얻은 질문들은 그 문제를 일으킨 상황이 그들의 마음속에 아직 생생하게 살아 있을 동안 대답해 주어야 한다. 세상적 태도와

---

5) 양육에 관해 실제적인 도움을 받을 만한 책들로는 Arthur C. Achibald, *Establishing the Converts*(Philadelphia : Judson Press, 1952) ; Lorne C. Sanny, *The Art of Personal Witnessing*(Lincoln, Nebraska : Back to the Bible Publications, 1957) ; Sidney Powell, *Where are the Converts*(Nashville : Broadmans Press, 1958)와 특히 Waylon B. Moore, *New Testament Fellow-up for Pastors and Laymen*(Grand Rapids : Wm. B. Eerdmans, 1963)가 있다.
6) 개인 사역의 경우와 마찬가지로 교회 전도의 실제적인 분야에 관한 책도 대단히 많이 나왔다. C. E. Aturey, Arthur Achibald, Jesse Bader, J. N. Barnette, Andrew Blackwood, Theron Chastain, Kennth Cole, J. E. Conant, Wildon Crossland, C. Lloyd Daughery, Eugene Golay, Charles L. Goodell, Byron Green, W. E. Grendstaff, Roland G. Leavell, William B. Riley, W. E. Sangster, Samuel A. Shoemaker, Roy H. Short, John S. Stam 등이 참고할 만한 권위 있는 사람들 중에 든다. 교회에서 이루어지는 전도 사역의 많은 측면을 아주 포괄적으로 검토한 것으로는 어떤 것 못지않게 좋은 제목을 가진 George E. Sweazey, *Effective Evangelism*(New York: Harper & Brothers, 1953)이 있다.

반응은 빨리 포착하여 단호하게 처리할 필요가 있다. 참기 어려운 개인의 습관과 근거 없는 편견, 그 밖에 하나님과 사람에 대한 그들의 제사장직을 방해하는 것들도 마찬가지다.

주로 할 일은 그들이 은혜와 지식 안에서 계속 자라가도록 도와주는 것이다. 인간의 기억력을 고려할 때, 그들의 훈련 과정에서 다뤄야 할 것들로 일정을 짜고 빠진 것이 없도록 하기 위해 어디엔가 그 진행 상황을 기록해 두는 것이 지혜로울 것이다. 이것은 동시에 여러 사람과 함께 일하고 각자가 경험 수준이 다를 때 특히 필요하다.

그들의 성장은 매우 느리고 많은 방해를 받아 지척거리기 마련이므로 우리는 인내심을 발휘해야 할 것이다. 그러나 일단 그들이 정직하게 진리를 배우려 하고 그 진리를 기꺼이 따를 준비가 되어 있다면, 언젠가는 그리스도 안에서 성숙하게 자라날 것이다.

자기 짐을 질 수 있도록 도와주라

전체 훈련 과정에서 가장 어려운 부분은 아마도 우리가 그들의 문제를 예견하고 그들이 부딪힐 일을 대비시켜야 한다는 점일 것이다. 이것은 무척이나 힘든 일이며, 이것 때문에 분통이 터질 수도 있다. 이 말은 우리 마음에서 좀체로 그들을 몰아낼 수 없다는 뜻이다. 우리가 개인적으로 묵상하고 공부하는 동안에도 제자들이 기도와 꿈 속에서 떠나지 않을 것이다. 그러나 자기 자녀를 사랑하는 부모가 그것을 마다할 수 있겠는가?

우리는 그들 스스로 문제를 감당할 수 있을 때까지 그들의 미성숙이라는 짐을 받아들여야 한다. 적어도 그들의 성장 초기 단계에서는, 어떤 일이 생기든 그들 스스로 완전히 감당할 수 있다는 태도를 취하는 것은 재난을 부르는 일이다. 우리는 분별력을 가져야 한다. 그들의 보호자와 조언자로서 영적 자녀들에게 주님을 위해 사는 방법을 가르칠 책임이 있다.

그들로 계속하게 하라

모든 것을 통해 이 선택된 사람들을 그들 자신의 영향권에서 스스로 어떤 사역을 맡게 될 날까지 이끌어 가야 한다. 그 시간이 다가옴에 따라 각 사람은 자신의 훈련 프로그램 속에서 그가 전도했거나 그에게 양육하도록 맡겨진 사람들과 더불어 상당한 시간을 지내야 한다.

이렇게 해서 우리의 전략은 그들이 모르는 사이에 이미 그들의 행위에 주입될 것이다. 그렇지만 그것을 모호하게 놔두지 말고 감독을 그만두기 전에 처음부터 우리의 계획이 무엇이었는지 분명하게 설명해 주어야 한다. 그들은 자기 생활을 그것으로 가늠해 보고 또한 그들이 도우려는 사람들에게 그것을 나누어 줄 수 있도록 하기 위해 그 계획을 또렷이 마음에 간직할 필요가 있다.

가장 중요한 영적 체험

물론 가장 결정적인 것은 그들 자신의 영적 체험이다. 그들은 우리의 통제를 벗어나기 전에 세상을 이기는 믿음 안에서 철저하게 세워져야 한다. 마귀는 음부의 모든 귀신의 도움을 받아 자기 마음대로 할 수 있는 온갖 교활한 계략으로 그들을 패배시키려 할 것이다. 그들이 가려는 세상은 마귀의 사악한 마법에 걸려 있다. 줄곧 전투가 벌어질 것이다. 적은 결코 항복하지 않을 것이므로 한걸음 전진할 때마다 정복해 이겨야 할 것이다.

그리스도의 성령으로 충만하지 않고서는 그 도전을 능히 물리치지 못할 것이다. 그리스도와 연합하여 살지 않고 또 그의 순결과 능력 안에서 나아가지 않는다면, 그들은 자기에게 몰려오는 세력들에 쉽사리 압도당하게 될 것이고, 그리하여 그들에 대한 우리의 모든 일은 허사로 돌아가고 말 것이다.

그렇다면 우리가 해온 모든 일은 이 사람들의 신실성에 달려 있다. 중요한 것은 얼마나 많은 사람을 명단에 올렸느냐 하는 것이 아니라 얼마나 많은 사람이 그리스도를 위해 정복에 나서느냐 하는 것이다. 언제든지 생명의 질에 강조를 두어야 할 이유가 바로 여기에 있다. 우리가 양질의 지도자들을 얻으면 나머지 교인들은 따를 것이지만, 그런 지도자들을 얻지 못하면 나머지 교인들은 따를 만한 아무것도 갖지 못하게 된다.

승리의 대가는 크다

높은 수준의 기대는 대가가 비싼 것이 분명하다. 아마 우리가 데리고 시작한 사람들 중에 많은 사람이 그 대가가 너무 비싸다고 생각해 중도에 포기할 것이다. 우리는 지금 그것을 접하는 편이 낫다. 그리스도인의 봉사는 많은 것을 요구하며, 사람들이 하나님을 위해 쓰임받으려고 하면 먼저 그 나라를 구하는 것을 배워야 한다.

그렇다. 많은 실망을 당하게 될 것이다. 그러나 그것을 극복하고 어떤 상황이 벌어질지 예상할 수 없는 추수터에 삶을 바치러 나가는 사람에게는 시간이 흘러감에 따라 커지는 기쁨이 있을 것이다.

우리는 근본적으로 현재를 위해 살고 있는 것이 아니다. 우리의 만족은 오는 세대에 그리스도를 위한 증거가 점차 확대되는 재생산의 순환 속에서 세상 끝까지 그리고 마지막까지 그들을 통해 꾸준히 열매 맺게 될 것을 아는 데 있다.

이것이 여러분의 비전인가?

세상은 좇기 위한 대상을 필사적으로 찾고 있다. 세상 사람들이 누군가를 따를 것은 확실하다. 그러나 그 대상이 그리스도의 길을 아는 사람일 것인가 아니면 그들과 다를 바 없이 더 짙은 어두움 속으로 이끌어 갈 수밖에 없는 사람일 것인가?

이것이 우리 인생 계획에서 결정적 질문이다. 우리가 하는 모든 일의 적절성은 이 질문의 판정을 기다리고 있으며, 따라서 대중의 운명은 저울대에 올라 있는 것이다.

THE MASTER PLAN OF EVANGELISM
스터디 가이드

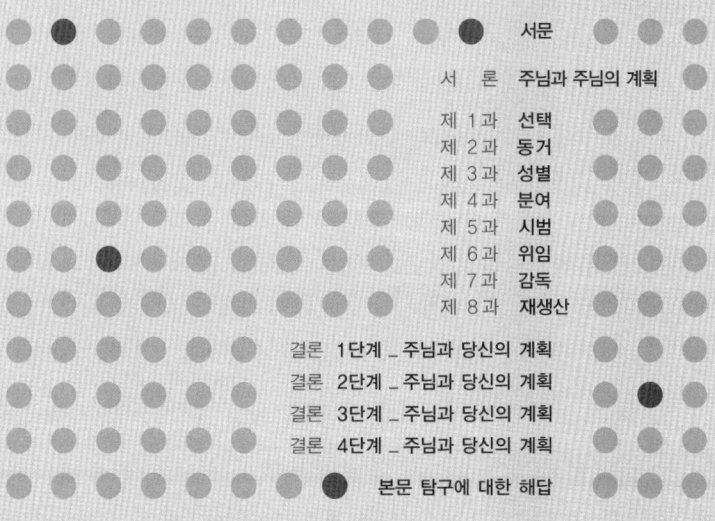

● 서문

서 론　주님과 주님의 계획

제 1 과　선택
제 2 과　동거
제 3 과　성별
제 4 과　분여
제 5 과　시범
제 6 과　위임
제 7 과　감독
제 8 과　재생산

결론 1단계 _ 주님과 당신의 계획
결론 2단계 _ 주님과 당신의 계획
결론 3단계 _ 주님과 당신의 계획
결론 4단계 _ 주님과 당신의 계획

● 본문 탐구에 대한 해답

서문

로이 피시 |

오늘날 세계의 복음주의 그리스도인들이 직면한 중요 문제 가운데 하나는 전반적인 전도 전략과 관계가 있다. 이 "스터디 가이드"의 근본 목적은 여러분이 신약성경에 제시되어 있고, 콜먼 박사가 쓴 주님의 전도 계획에 해석되어 있는 예수님의 전도 전략을 발견하도록 돕는 것이다. "스터디 가이드"의 중심 목표는 다음과 같다.

1. 예수님의 전략을 찾기 위해 복음서들을 탐색하도록 한다.
2. 예수님이 제시하신 원리들의 의미와 가치를 재음미한다.
3. 예수님의 계획에 더 깊이 관여하도록 이끈다.
4. 예수님의 전략을 우리 생활에서 실행하도록 이끈다.

어떻게 하면 "스터디 가이드"를 가장 효과적으로 사용할 수 있는가에 대해서는 두 가지 제안이 도움이 될 것이다. 첫째, "스터디 가이드"는 글을 써 넣도록 되어 있으므로 펜을 들고 공부하라. 둘째, 신약성경을 쉽게 찾아볼 수 있게 곁에 두고 공부하라.

"스터디 가이드"는 서론, 8과, 결론 4단계의 과정으로 이루어져 있다. 각 과정은 윤곽이 비슷하다. 첫째, 공부할 과정이나 특정 부분의 내용에 대한 간단한 요약이 나온다. 이 부분은 중심 개념이나 주된 취지를 제시한다. 그 다음에 주요 내용을 탐색하는 데 길잡이가 될 질문들이 들어 있는 "본문 탐구"가 나온다. 한 번에 한 과정만 해야 하며, 가능하면 앉은 자리에서 끝낼 수 있도록 충분한 시간을 내야 한다. 질문에 대한 답은 책 뒷부분에 수록되어 있다.

이 부분에 이어 그룹 토의와 그룹 활동을 위한 제안이 나온다. 그룹에서 스터디 가이드를 공부할 때는, 모이기 전에 각자가 본문 탐구에 나오는 질문에 답을 적어 오면 도움이 될 것이다.

이 공부의 궁극적 목적은 주님의 계획을 독자들이 생활에서 실행하는 데 있다. 이 때문에 각 과정에서는 예수님의 전략을 개인적으로 적용하도록 독려하는 성취 목표와 절차를 제안하고 있다. 전체 참고 문헌은 책 뒷부분에 나와 있다.

여러분의 생활이 이것으로 말미암아 축복이 넘치게 되고 여러분이 주님의 계획을 발견하고 실행하는 데 도움이 되기를 기도하면서 이 "스터디 가이드"를 내놓는 바이다.

THE MASTER PLAN OF EVANGELISM
서론
주님과 주님의 계획

　오늘날 교회에서는 주님의 지상 명령에 순종하는 것에 대한 관심이 새로워지고 있는 것 같다. 이 관심과 더불어 사람들은 새롭고 창의적인 전도 방법을 굉장히 많이 생각해 내고 있다. 그러나 방법 면에서 고조된 관심 및 창의성에 더하여 한층 더 중요한 다른 문제에 관한 명령이 있다. 이 명령은 전략과 관계가 있으며, 더 구체적으로 말하면 예수님 자신의 기본적인 전도 전략에 대한 재연구와 관계가 있다.

　예수께서 계획적인 전도 전략을 가지고 지상에서 활동하셨다는 것은 거의 의심할 수 없는 사실이다. 주님은 자기가 "잃어버린 자를 찾아 구원하러" 왔다는 사실을 분명히 하고 사셨다눅 19:10. 주님은 자기 생활을 이 목적에 따라 관리하셨다. 예수님의 모든 언행은 자신을 위해 세운 신성한 전도 전략의 일부였다. 그러나 오늘날의 교회가 결코 그냥 지나쳐서는 안 될 개념은 주님은 자기의 계획을 실행하실 때, 모든 시대의 교회를 위한 전도 전략도 제시하셨다는 것이다.

　따라서 새로운 전략을 만들어 내는 것이 교회의 과업은 아니다. 우리의 과업은 주님의 전략을 재발견하여 거기에 보조를 맞추는 것이다. 과거의 전통을 따르고 현재의 종교 문화를 추종함으로 많은 교회가 주님의 전략 개념을 붙잡는 데 실패했다는 증거가 많다. 우리가 그것을 포착할 때 그 함의는 가히 혁명적이라 할 만큼 다르다는 것이 드러난다.

그러나 주님의 최고의 축복이 전도에 대한 우리의 노력에 부어지기 위해서는, 주님의 계획에 가능한 한 가깝게 접근해야 한다. 불필요한 종교 활동들을 내버리고, 어떤 신성시되는 조직의 구조들을 바꾸는 희생을 치르고라도 이 일은 수행되어야 한다.

본문 탐구

1. 약 60초 동안 주님의 전도 계획의 목차를 들여다보라. 각 장의 제목들이 순서가 뒤섞인 채 아래에 나열되어 있다. 올바른 순서를 살펴본 후에, 바르게 정돈할 수 있는지 보라. 목차를 펴서 서로 맞춰 보라.

   감독 _____   성별 _____
   위임 _____   재생산 _____
   선택 _____   분여 _____
   동거 _____   시범 _____

2. 15쪽에서 저자는 "교회의 전도 활동"에 관해 말하고 있다. 아래에 전도에 대한 당신의 정의를 적어 보라.

   _____
   _____

3. 콜먼 박사가 전략이라는 말을 쓸 때, 다음 세 단어 중에 어느 것이 그의 의도

에 가장 가까운가?

_____목표 _____방법 _____원리

4. 전도에 관해 출판된 가장 좋은 교과서는 _____

5. 다음 문제를 읽고 맞으면 O표, 틀리면 X표를 하라.

_____ (1) 예수님은 국내 선교와 해외 선교를 분명히 구별하셨다.

_____ (2) 사람들을 훈련하는 예수님의 원리 여덟 단계는 순서가 언제나 변하지 않는다.

_____ (3) 전도의 방법과 전략은 본질적으로 같은 것이다.

그룹 토의와 활동

그룹 토의는 밀접하게 관련된 네 질문을 중심으로 진행한다. 반드시 여기에 제시된 순서대로 토의하라.

1. 예수님이 제시하신 교회의 제일 된 목적에 대해 토의하라. 마태복음 28:19, 요한복음 20:21, 사도행전 1:8에 나와 있는 대위임 명령을 보라.

2. 당신의 교회나 그리스도인 그룹을 객관적으로 살펴보고 그 목적을 주님의 것과 비교하라.

3. 그런 다음 이 질문에 대답하라. 우리 교회나 그룹의 조직과 활동은 예수님의 근본 목적을 달성하기 위한 것인가?

4. 당신의 교회나 그룹이 우리 주님의 목적에 더 가까이 접근하도록 하기 위해 어떤 변화를 꾀할 수 있겠는가?

성취 목표

이 공부를 시작하는 단계에서, 전도 분야에서 과거에 성취한 것에 대해 당신 자신을 평가하라.

1. 나는 그리스도께 인도할 목적으로 다른 사람들에게 그리스도에 관해 이야기한다.

    _____ 자주 한다
    _____ 가끔 한다
    _____ 거의 안 한다
    _____ 전혀 안 한다

2. 나는 다른 그리스도인들이 믿음 안에서 더 성장하도록 도우려고 한다.

    _____ 자주 한다
    _____ 가끔 한다
    _____ 거의 안 한다
    _____ 전혀 안 한다

3. 자문(自問)해 보라. 나는 나 자신의 일생을 위한 전도 계획이 있는가? 그렇지 않다면 주님의 계획의 일부에 포함될 의사는 있는가?

THE MASTER PLAN OF EVANGELISM

제1과

선택

주님의 계획을 생각할 때 우리는 그 단순성에 깊은 인상을 받지 않을 수 없다. 그것은 "소수에 대한 집중"이라는 말로 가장 잘 묘사할 수 있다. 그 시작은 예수께서 몇 사람더러 단순히 그를 따르도록 부르셨던 것으로 매우 조용하게 이루어졌다. 그 작은 집단의 외적 조건들은 별로 신통치 않았다. 줄잡아 말해서 그들은 평범한 사람들이었다. 그러나 가르치기에 좋은 사람들이었다. 예수께서 지상 사역을 집중시킨 것은 바로 이 조그만 집단이었다.

예수께서 소수에 대한 사역 목적을 위해 다수를 완전히 무시했다고 추호라도 생각해서는 안 된다. 대중에 대한 비전은 주님의 뇌리를 떠난 적이 없으며 복음서 기록들은 자주 대중에 대한 주님의 사역을 언급하고 있다. 그러나 예수님은 현명하게도 대중이 영속적인 도움을 받게 되려면 그가 혼자서 줄 수 있는 것보다 더 많은 개인적 보살핌을 받을 필요가 있다는 것을 아셨다. 그들에 대한 사역의 참된 희망은 후에 대중을 하나님의 일들 속으로 이끌어 갈 조그만 집단을 훈련하는 데 있었다.

우리는 예수님의 모범에서 영적 지도자의 첫째 임무는 전도 사역을 떠받칠 수 있는 기초를 놓는 것임을 배워야 한다. 그러한 기초를 놓기 위해서는 소수의 시간과 재능에 노력을 집중할 필요가 있다. 비록 그러한 계획의 표면적 결과는 나타나는 것이 더디고 어쩌면 대다수의 눈에는 띄지 않을지 모르지만, 수행된 일의 양과 전도받은 사람의 수는 궁극적으로 볼 때 훨씬 더 많을 것이다.

본문 탐구

1. 아래 질문들에 대한 세 가지 답 중에서 맞는 것에 O표를 하라.

   (1) 제자들 대부분은 갈릴리 출신이다. 유대 출신으로 보이는 사람은 : 도마, 유다, 베드로.

   (2) 예수께서 죽으실 당시 헌신된 제자의 총수는 : 약 100, 500, 10,000.

   (3) 선별된 사도 집단 안에서도 세 사람이 주님과 더 특별한 관계를 누린 듯하다. 그 중 하나는 : 안드레, 마태, 요한.

2. 다음 문장의 빈 칸에 알맞은 말을 써 넣어라. 본문을 찾아봐도 좋다.

   (1) 예수님의 관심은 대중에게 도달하기 위한 _____에 있었던 게 아니라, 그 대중이 따를 _____에 있었다.

   (2) 예수님의 계획의 우선적인 목표는, 자기가 아버지께로 되돌아가신 후 _____ 하는 일이었다.

   (3) 예수님의 부름을 받은 사람들은 저자(콜먼)의 묘사에 의하면 _____, _____, _____ 사람들이었으며, 환경에서 오는 갖가지 _____을 가지고 있었다.

(4) 세상 사람 _____가 _____ 않고는 아무도 _____을 변화시킬 수 없으며, _____은 주님의 손에서 빚어지지 않고는 변화될 수 없다.

3. 다음 문장들을 읽고 맞으면 O표, 틀리면 X표 하라.

_____(1) 열둘에게 그토록 많은 시간을 바침으로 예수님은 대중에 대한 무관심을 나타내셨다.

_____(2) 예수께서 자기를 따르도록 열둘을 부르시자 당시의 종교 생활에 그 영향이 즉각 나타났다.

_____(3) 예수께서 쓰시려는 사람들에 대한 사역을 할 때 적용하신 기본 원리들을 가장 잘 묘사하는 말은 집중이다.

그룹 토의와 활동

1. 디모데후서 2:2을 읽으라. 예수께서 채용하신 원리와의 유사성을 토의하라. 그 원리를 설명하는 도표를 그려 보라.

바울 ⟶ 디모데 ⟶ 충성된 사람들 ⟶ 다른 사람들

2. 37쪽에서 콜먼 박사는 말하기를, 우리가 "주님의 전도의 효율성을 결신자의 수로 가늠하려 한다면, 예수님은 결코 교회의 가장 생산적인 대중 전도자들 축에 끼지 못할 것이다."라고 했다. 이 말이 맞다면 어떤 의미에서 우리는 예수님을 위대한 전도자라고 말할 수 있는가? 토의 후에 37–39쪽의 "주님의 전략" 부분을 읽으라.

3. 소수에의 집중의 원리에 대해 있을 법한 이의에 관해 토의하라.

4. "복음을 신속하게 전달할 수 있는 설비들을 과거 어느 때보다 더 많이 교회가 이용할 수 있는 시대에, 실제로는 손수레의 발명 이전보다 세상을 하나님께로 인도하는 일에는 성과가 떨어지고 있다."라는 말에 관해 토의하라.

성취 목표

1. 당신이 새신자나 미성숙한 신자와 가까이할 수 있는 모든 기회를 조목조목 적어 보라. 이미 만들어진 기회도 있을 것이다. 예컨대 반을 맡은 주일학교 교사 혹은 당신이 집사나 장로나 다른 직분자라면 어떤 교인을 책임지고 있을 것이다. 그 밖의 기회들은 계획을 세워야 할 것이다.

2. 당신이 함께 일할 수 있고 제자 훈련의 생활도 이끌 수 있는 사람을 적어도 한 명 주시도록 하나님께 구하라.

3. 그 사람에게서 찾아내려고 하는 조건들을 결정하라.

4. 그 사람의 생활에서 달성되기를 바라는 것들의 목록을 만들어 보라.

THE MASTER PLAN OF EVANGELISM

제 2 과

동거

예수님의 훈련 프로그램의 진수는 단순히 제자들과 함께 있는 것이었다. 세계 정복을 위한 사람들을 훈련하기 위해 주님은 단지 그들을 가까이 있도록 하셨다. 그들은 먼저 주님과 함께 지내면서 배웠다. 예수님은 자신과 함께할 때 제자들이 참으로 알아야 할 것들을 배울 수 있다는 것을 아셨다. 그렇다면 예수님의 사역이 2년 3년으로 길어짐에 따라 열둘에게 점점 더 많은 시간을 바쳤다는 것은 전혀 놀랄 일이 아니다. 예수께서 하신 것으로 기록된 거의 모든 일이 적어도 제자 몇 명이 있는 가운데 행해졌다. 주님은 함께 지내는 것을 통해 사람들을 세워 가셨다.

오늘날 교회는 이 원리를 붙잡는 데 늘 더디었다. 신자들을 양육할 때, 성숙한 그리스도인들이 쏟는 노력에는 미숙한 그리스도인에게 필요한 개인적 배려의 측면이 부족했다. 되는 대로의 양육 방법을 사용한 결과, 교회에 등록한 사람들의 약 50퍼센트가 결국 무기력하게 되었다.

일관 작업의 기초 위에서 제자들을 만들어 내려는 시도가 있었지만 그 결과는 비참했다. 새신자 하나하나가 성숙한 신자의 날개 아래 보호받고 다른 사람을 지도할 위치로 성숙할 때까지 거기에 머무르도록 독려할 체제가 마련되어야 한다. 이 양육 사역을 위해 사람들을 훈련하는 일은 아직 그러한 프로그램이 없는 모든 교회의 당면 과제다.

본문 탐구

1. 제자들이 예수님과 함께 지낸 점을 예증하기 위해 누가복음 8장과 9장에서는 제자들이 주님과 함께 있었던 경험을 적어도 열두 번 보여준다. 이 중 적어도 여덟 번, 제자들은 그가 일하시는 모습을 관찰할 기회를 가졌다. 그것들을 아래에 열거하라.

   _____
   _____
   _____

2. 빈 칸에 알맞은 답을 써 넣어라.

   (1) 예수님의 훈련 프로그램의 진수는 _____

   (2) 지식은 _____을 통해 이해되기에 앞서 _____으로 얻어졌다.

   (3) 열둘을 넘어선 주님의 양육 사역의 세 가지 사례는 _____, _____, _____이었다.

3. 다음 문제의 맞는 답에 O표를 하라.

   (1) 예수님은 자신의 사역이 2년 3년으로 길어짐에 따라 열둘에게 (더 많은) (더 적은) 시간을 바치셨다.

   (2) 교회에 가입하는 사람들의 약 (1/5) (1/3) (1/2)이 결국 떨어져 나간다.

(3) 열 차례에 걸친 예수님의 부활 후 출현은 (불신자들에 대한 것으로 그들이 믿도록 하려는 것이었다) (제자들과 유대 지도자들에 대한 것이었다) (제자들만을 대상으로 했다).

그룹 토의와 활동

1. 당신의 교회나 그룹의 전체 회원수를 확실하게 계산해 보라. 그러고 나서 다음 사항을 토의하라.

   (1) 우리 회원 중 얼마만큼이 성경공부나 주일학교에 참석하는가?

   (2) 몇 퍼센트가 예배에 충실하게 참석하는가?

   (3) 얼마나 많은 사람이 기도 모임에 참석하는가?

   (4) 얼마나 많은 사람이 각종 기독교 사역에 참여하고 있는가?

   (5) 만일 비율들이 낮다고 생각되면 다음 질문을 토의하라. 왜 그렇게 적은가?

2. 당신이 다른 사람들을 성숙으로 이끌 유능하고 헌신된 사람들이 없는 교회의 회원이라면 어떻게 하겠는가?

성취 목표

1. 함께 일할 사람을 택한 후, 어느 날짜에 그 사람과 첫 접촉을 갖겠는가?

2. 얼마나 자주 그 사람과 함께 있어 보려고 하겠는가?

3. 사람에 대한 사역의 첫단계로 무슨 일을 하겠는가?

THE MASTER PLAN OF EVANGELISM

제 3 과

성별

예수께서 제자들에게 첫째로 요구하신 것은 주님께 기꺼이 순종하는 태도였다. 의심할 여지없이 그들 중 더러는 탁월한 사람들이었지만 탁월함은 주님의 조건 중 하나에 들지 못했다. 주님이 주장하신 한 가지는 그에 대한 충성심이었다. 예수님은 충성하기가 점점 더 어려워질 때도 이것을 계속 주장하셨다. 주님은 언제든지 자기의 제자가 되기 위한 조건을 제시할 권리가 있음을 주장하셨다. 그러나 제자들이 주님에게서 그가 주장하신 순종의 정신을 목격한 사실은 그들로 하여금 그에게 머물러 있도록 도전을 주었다.

예수님은 증가된 지식이란 순종을 통해 온다는 것을 알고 계셨다. 주님은 오직 제자들이 기꺼이 순종하고자 할 때 그에 관한 진리의 터득이 때에 맞춰 온다는 것을 아셨다. 먼저 제자가 되는 것을 배우지 못한 사람은 지도자가 될 수 없다. 주님은 성품과 목적의 발전도 오직 순종을 통해 온다는 것을 알고 계셨다. 그것이 바로 주께서 제자들을 기꺼이 그에게 순종하고자 하는 한 그들의 인간적 실패의 많은 것을 인내심 있게 기꺼이 참아주신 이유다.

오늘날 교회에는 그리스도의 주권에 대한 새로운 헌신이 절실하게 필요하다. 어떤 희생이라도 각오한 순종에 대한 강조가 다시 한번 교회의 혁명적 메시지의 특징이 되어야 한다. 하나님의 사람들은 설교자나 평신도 할 것 없이, 그리스도의 명령에 대한 무사안일에서 벗어나야 한다. 그것은 치료받아야 할 상황이다. 교회들은 소수의 사람들을 자기에게로 이끌어 그리스도에 대한 순종의 참된 의미를 불어넣는 헌신된 소수를 통한 효과적인 전도 프로그램을 시작해야 할 것이라고 본다. 그러한 행동은 적어도 출발은 될 것이다.

본문 탐구

1. 누가복음 9:57-62에서 세 사람이 제자가 되고자 예수님에게 왔다. 당신 자신의 말로, 각각에 대한 예수님의 대답을 적어 보라. 그런 다음 60-61쪽과 맞춰 보라.

   (1) _____

   (2) _____

   (3) _____

2. 다음의 주제를 논의해 보라.

   (1) 당신은 "제자"를 어떻게 정의하겠는가? _____

(2) 콜먼 박사는 어떻게 정의했는가? _____

3. 그리스도에 대한 진정한 사랑의 근본 증거는 무엇인가?
_____
_____

4. "또 기억할 것은, 예수께서는 교회의 정복 사업을 이끌 사람들을 만들고 계셨으며, 누구든지 먼저 지도자 _____ 를 배우지 않고는 결코 _____ 가 될 수 없다는 것이다."

5. 제자가 되기 위한 세 가지 세부 조건이 요한복음에 언급되어 있다. 성경 구절을 찾아 아래에 열거하라.

   (1) 요한복음 8:31 _____
   (2) 요한복음 13:35 _____
   (3) 요한복음 15:8 _____

6. 예수님은 그리스도인의 생활의 모든 면에 주(主)가 되어야 한다. 아래 목록은 그리스도인 생활의 몇몇 영역이다. 성경 구절과 짝을 지어라.

   _____ 재산   가. 시편 19:14
   _____ 시간   나. 마태복음 6:19-21
   _____ 말   다. 골로새서 3:18-21

_____ 생각   라. 에베소서 5:15-16
_____ 가정생활   마. 빌립보서 4:8

그룹 토의와 활동

1. "성별"이라는 낱말의 의미를 토의하라. 그런 다음 성별의 본보기가 나와 있는 신약의 사례들을 될 수 있는 한 많이 기억해 보라.

2. 그리스도 안에서 아는 사람들을 두루 생각해 보고 그들 중에서 성별의 본보기를 찾을 수 있는가 보라.

3. 본문 66쪽에서 저자는 하나님의 뜻에 대한 예수님의 헌신을 반영하는 성경 구절 몇 개를 열거했다(요한복음 4:34 ; 요한복음 5:30 ; 요한복음 15:10 ; 누가복음 22:42).
이것들이 예수님에게 어떤 뜻이 있었는지 토의하라.

4. 우리 생활에서 그리스도의 주권은 우리가 그를 증거하는 일과 무슨 관계가 있는가?

5. 그리스도 안에서 알고 있는 사람들 사이에 그리스도에 대한 무관심이 널리 퍼져 있다면, 그 상황을 바꿔 놓기 위해 무슨 일을 할 수 있겠는가?

6. 각 사람에게 종이를 한 장씩 나눠 주라. 그런 다음 각자에게 자신의 그리스도인 생활을 생각해 보도록 하라. 각자의 종이 위에 자기의 그리스도인 생활을 가장 잘 보여주는 그림을 그려 보라고 하라. 5분간 이 일을 한다. 그 다음에 그림을 보여주며 설명하게 한다.

성취 목표

1. 예수님은 제자인 나에게 무엇을 기대하시는가? _____
   _____

2. 아래 열거한 세 구절은 제자들에 대한 예수님의 명령이다. 이것들을 읽고 그 아래 있는 표에 당신 자신을 평가하라.
   요한복음 5:39 ; 누가복음 18:1 ; 마태복음 4:19

   나는 명령들에 순종한다.
   _____ 늘 순종한다
   _____ 대부분 순종한다
   _____ 어떤 때에 순종한다
   _____ 거의 순종하지 않는다
   _____ 전혀 순종하지 않는다

3. 당신 자신을 점검해 보라.

   나는 거의 다른 사람들에게 그리스도를 증거하지 않는다. 그 이유는?
   _____ 상대방의 기분을 상하게 할까봐 두려워서
   _____ 그 사람이 그리스도를 받아들이기를 거부할까봐 두려워서
   _____ 내 생활이 그리스도인으로서 일관성이 없기 때문에
   _____ 나는 사실 그게 내 일이라고 생각지 않기 때문에
   _____ 내가 대답할 수 없는 질문을 할까봐 두려워서
   _____ 다른 사람에게 그리스도가 필요하다고 참으로 확신하지 못하기 때문에
   _____ 나 스스로 그리스도와 생생하고 참된 관계를 갖고 있다고 확신하지 못하기 때문에

4. 만일 그렇게 할 필요를 느낀다면, 여기서 멈추고 앞의 명령들과 관련하여 하나님께 헌신하는 기도를 드리라. 아마 다음 기도가 당신의 마음을 반영할 것이다.

> 오! 하나님, 저는 지금까지 그리스도의 명령에 순종하지 않았음을 고백합니다. 이 자리에서 저는 하나님께서 제 생활 속에서 일하셔서 주의 말씀을 공부하는 일과 기도 생활과 다른 사람들에게 예수님의 복음을 전하는 일을 꾸준히 할 수 있도록 해주실 것을 믿으면서 저 자신을 새롭게 헌신합니다. 아멘.

5. 앞으로 개인 성경공부와 기도를 어떻게 할 것인지 당신의 계획을 적어 보라.
_____
_____

6. 당신이 그리스도께 순종하는 일에 관심이 없어 보이는 그리스도인 친구를 알고 있다면, 여기에 그들을 도울 수 있는 방안이 있다.

   (1) 그들을 위해 기도하기로 작정하라. "나는 아래 기록한 그리스도인들이 그리스도께 헌신하게 되도록 기도하겠다 : _____ , _____ , _____ ."

   (2) 그들과 더 가까운 관계를 만들어 가도록 하라. 이렇게 작정하라. "나는 아래 기록한 사람들과 더 가까운 관계를 만들어 가며 그들을 더 깊은 그리스도 생활로 인도하겠다 : _____ , _____ , _____ ."

제3과. 성별 | 159

THE MASTER PLAN OF EVANGELISM

제 4 과

분여

제자들은 예수님의 삶이 주시는 삶이라는 사실에 감명받지 않을 수 없었다. 주님은 문자 그대로 자기 삶을 주심으로 최고의 사랑을 시범 보이셨다. 제자들은 주님이 상실된 세상을 사랑하시는 것에 끊임없이 감명받았다. 예수님은 자기가 세상의 구속을 위해 자기 삶을 주는 복음 전도자의 역할을 위해 따로 구별되어졌다는 것을 알고 계셨고 그들에게 그것을 전달하려고 하셨다. 예수님의 시범을 통해 제자들은 참된 성별이 무엇인지 배웠다. 그들이 자기 희생을 배운 사실은 대중이 복음의 실재를 믿게 하기 위한 요인이 되어야 했다.

그러나 열두 제자는 예수님이 자신의 생명을 그들에게 나누어 주신 것을 제쳐놓고는 이런 사랑을 결코 나타낼 수 없었다. 이 일은 주님이 성령을 보내 그들의 생활에 거하도록 할 때 하신 일이었다. 성령을 제자들에게 주실 때, 예수님은 또한 그들을 전도 사역을 위해 준비시키고 계셨다. 주님은 자주 전도란 인간의 사업이 아니고 성령의 일이라는 점을 되풀이하여 말씀하셨다. 열둘과 마지막으로 지낸 시간들은, 그들에게 성령은 전도의 과업을 위한 충분한 준비가 되실 분인 것을 확신시키는 데 사용하셨다.

그리하여 오순절은 그의 제자들이 살아가고 사랑하고 전도 사역에서 섬기려면 반드시 거쳐야 할 날이 되었다.

그것은 오늘날도 마찬가지다. 예수님을 따르는 자들은, 주님의 사역이 교회 안에서 교회를 통해 성취되게 하려면 내주하시는 성령을 통해 주님의 생명을 소유해야 한다. 그때에야 비로소 우리는 충분히 동기를 부여받을 뿐 아니라 주님을 널리 알릴 수 있는 능력을 소유하게 될 것이다. 그리고 효과적인 전도에 필요한 자기 희생의 정신을 나타내게 될 것이다.

본문 탐구

1. 순종이란 율법을 지키는 것 이상의 것이다. 그것은 ＿＿＿＿＿＿＿
＿＿＿＿＿＿＿＿＿＿＿＿＿＿＿＿＿＿＿＿＿＿＿＿＿＿＿＿＿

2. 예수님이 자신을 하나님께 거룩하게 드리는 일을 끊임없이 새롭게 하신 것이 ＿＿＿＿＿＿＿에 잘 나타나 있다.

3. 예수님의 성화의 주된 목적은 ＿＿＿＿＿＿＿이었다.

4. 예수님은 ＿＿＿＿＿＿＿하시는 하나님이셨지만, 성령은 ＿＿＿＿＿＿＿하시는 하나님이셨다.

5. 예수님과 열두 제자를 비교 연구해 보자. 예수께서 거부하신 것을 제자들이 소중히 여긴 것들이 있었다. 반면에 주님이 기꺼이 받아들이신 것을 제자들은 회피하려 한 것이 있었다. 아래에 일곱 단어가 있다. 제자들이 소중히 여

긴 것들과 예수께서 기꺼이 받아들이신 것들을 양편에 나열하라.

육체적 만족 – 가난 – 굴욕 – 위신 – 죽음 – 대중적 갈채 – 슬픔

제자들	예수님
_____	_____
_____	_____
_____	_____

6. 예수께서 제자들에게 주었다고 저자(콜먼)가 언급한 다섯 가지를 열거하라.

_____
_____
_____

그룹 토의와 활동

1. 요한복음 17:18-19에 나온 "거룩하게 한다"는 말의 뜻을 토의하라. 그런 다음 본문 73-74쪽을 펴서 맞춰 보라.

2. 당신의 그룹이 수가 많다면, 세 개의 작은 그룹으로 나누고 다음 과제를 부여하라.

   (1) 첫째 그룹에게는 그리스도인으로 하여금 그리스도를 닮도록 이끄시는 성령의 사역을 설명하게 한다.

   (2) 둘째 그룹에게는 효과적인 전도를 위한 성령의 사역과 필요성을 설명하게 한다.

   (3) 셋째 그룹에게는 성령의 충만을 위한 조건들을 설명하게 한다.

3. 오늘 한 공부에 비추어 볼 때, 당신 생활에서 어느 분야가 변화되거나 강화될 필요가 있는지 하나만 들어라.

성취 목표

1. 하나님과만 조용히 만나서 당신이 알고 있는 죄나 실패를 일일이 나열하라. 성령께서 당신 생활에서 잘못되었다고 알려 주시는 것이 모두 나올 때까지 하나하나 기록하라. 요한일서 1:9을 펴라. 그 죄들을 하나님께 고백한 후 요한일서 1:9을 그 종이 위에 가로질러 쓰고 찢어 버려라.

2. 당신의 생활을 들여다볼 때, 아직도 그리스도께 드려지지 않은 영역이 발견되면 그 영역을 지금 주님께 굴복시키라.

3. 이제 다음 기도를 드리라.

   사랑하는 아버지, 저의 생활에는 여지껏 아버지께 굽히지 않은 영역이 있었고, 그 결과 아버지께 죄를 지었음을 고백합니다. 완전히 용서해 주심을 아버지께 감사하며 이 자리에서 저의 생활을 아버지께 전적으로 바칩니다. 믿음으로 저는 지금 성령의 충만함을 확신하며, 아버지께서 제 생활을 다스리시고 저에게 성령을 가득 채워 주심을 감사드립니다. 아멘.

THE MASTER PLAN OF EVANGELISM
제 5 과
시범

예수께서 자기 사람들을 위해 계획하신 삶이 어떤 것인가를 실증해 보이신 것은 예수님의 전략의 의도적인 부분이었다. 그리하여 열둘은 그들이 살고 가르쳐야 할 삶을 주님 안에서 목격했다. 주님에 관한 모든 것이 그들과 우리를 위한 시범이었다. 주님은 의도적으로 기도를 통해 그의 아버지와 얘기하는 것을 제자들이 보게 하셨다. 그들은 기도가 그에게 어떤 일을 이루는가 보았고 생활에서 그 능력을 더 간절히 알기를 원했다. 그들은 그가 구약성경을 통달해 사용하는 것을 보고 강력한 인상을 받았다.

특히 중요한 것은 주님이 사람들을 얻으실 때 그들이 지켜보았다는 사실이다. 그들은 주께서 가르치고자 하는 것을 자기들 앞에서 실행하시는 것을 보면서 배웠다. 위대한 스승께서 모든 상황을 자연스럽게 학습 기회로 바꾸셨기 때문에 수업은 끊임없이 진행되었다.

영적 지도자들은 오늘날 예수님의 계획을 따라가려고 애써야 한다. 그렇게 하기 위해서는 다른 사람들에게 가르치고자 하는 것을 우리 생활로 실증할 태세를 갖추어야 한다. 이 일을 이루기 위해서는 우리가 지도하고자 하는 사람들과 함께 있어야 한다. 우리는 그들과 함께 기도하며, 그들의 성경공부를 돕고, 우리가 다른 사람들을 그리스도께 인도하려고 할 때 그들을 데리고 가야 한다. 다른 사람들에게 삶의 방식을 전수해 주려면 오직 그들로 우리 안에서 그것을 보게 하는 수밖에 없다. 이것이 주님의 방법이며, 다른 사람들이 주님의 일을 할 수 있도록 충분히 훈련되게 하려면 반드시 이 방법을 사용해야 한다.

본문 탐구

1. 예수님의 삶 전체가 어떻게 살아야 하는가에 대한 끊임없는 시범이었지만, 저자(콜먼)는 예수께서 열둘을 가르치시고자 할 때 시범을 보여주신 세 가지 영역을 꼽았다. 그 셋은 ＿＿＿＿＿＿＿＿, ＿＿＿＿＿＿＿＿, ＿＿＿＿＿＿＿＿ 이다.

2. 복음서에는 몇 번이나 예수님의 기도 실천을 보여주었는가? ＿＿＿＿

3. "다른 사람들과 말씀을 나누실 때 ＿＿ 번 넘게 구약성경을 암시하신 것은 말할 것도 없고, 4복음서에서 제자들과 대화하는 중에 적어도 ＿＿ 번 구약을 언급하셨다."

4. 예수님의 사례는 제자들에게 성경을 알아야 한다는 것을 분명히 암시하신 것이다. 다음 구절에 따르면 성경은 오늘날 우리 생활에서 어떻게 도움이 되는가?

   (1) 베드로전서 2:2 ＿＿＿＿＿＿＿＿＿＿＿＿＿＿＿
   ＿＿＿＿＿＿＿＿＿＿＿＿＿＿＿＿＿＿＿＿＿＿＿＿

(2) 시편 119:105 _____

(3) 요한복음 15:7 _____
_____

5. 당신은 예수님의 기도 생활에서 무슨 교훈을 얻을 수 있는가?

(1) 마태복음 14:23 _____
_____

(2) 마가복음 1:35 _____
_____

(3) 누가복음 6:12 _____
_____

그룹 토의와 활동

1. 성경에 대한 예수님의 태도와 디모데후서 3:16-17에 있는 바울의 진술을 비교하라.

2. 다음 구절에 담긴 뜻을 토의하라.
   고린도전서 11:1 ; 빌립보서 3:17 ; 디모데후서 1:13 ; 빌립보서 4:9.

3. 역할극이란 상황 분석을 목적으로 두 사람 이상이 인간 갈등 상황을 사전 연습 없이 극화하는 것이다. 그룹에서 세 사람을 뽑아 다음 내용으로 역할극을 꾸며 보도록 하라.

문제 : 주 안에서 자라가기를 원하는 새신자가 있다. 그는 기도하는 것이 어렵다고 느낀다. 그는 성경을 공부하는 법도 모르며, 어떤 사람을 그리스도께 인도하려 한 처음 시도는 비참한 실패로 끝났다.

한 사람에게 이 세 분야에서의 실패 경험을 연기(演技)하게 하라. 전도에서 실패한 일을 연기하려면 불신 친구를 나타내는 두 번째 사람이 필요할 것이다. 그리고 나서 성숙한 그리스도인을 대변하는 세 번째 사람에게, 어떤 사람에게 이러한 분야에서 가르쳐 보도록 하는 것이 얼마나 큰 도움이 될 수 있는가를 시범을 통해 보이도록 하라.

성취 목표

1. 당신이 어떤 사람과 더불어 일해 왔다면, 그가 어떤 방법으로 다음 사항들을 배울 수 있도록 돕고 가르칠 것인가 결정하라.

   (1) 기도하는 방법
   (2) 성경을 효과적으로 공부하는 방법
   (3) 복음을 다른 사람들에게 전하는 방법
   (4) 유혹을 이기는 방법
   (5) 죄를 지었을 때 처리하는 방법

2. 나는 매주 성경공부와 기도에 대략 이만큼 시간을 보낸다.

   30분 미만 30분부터 1시간 1−2시간 2−3시간 3시간 이상

3. 당신은 성경암기 계획을 가지고 있는가? 없다면 적어도 일주일에 한 구절씩 외우기 시작하라.

THE MASTER PLAN OF EVANGELISM

제 6 과

위임

예수님의 사역 첫해에는, 제자들은 예수님이 일하시는 것을 보는 것 말고 별로 한 일이 없었다. 그들은 처음부터 책임을 부여받기는 했지만 초기에 관여한 것은 아주 미미한 일들이었다. 그러나 이것은 주님의 방법의 일부였다. 먼저 주님은 그들을 하나님과의 중대한 관계로 인도하셨고, 그 다음에 그가 어떻게 일하시는가를 보여주셨으며, 때가 되어서야 그들이 져야 할 책임을 나누어 주셨다. 하지만 주님은 언제나 그들이 사역을 도맡게 될 때를 바라보며 그들과 함께 일하셨다.

마침내 일년 남짓 훈련 후에 예수님은 그들이 자기 나름의 전도 사역을 수행할 준비가 된 것을 깨달으셨다. 그러나 예수님은 그들을 내보내시기 전에 주의를 기울여 철저하게 교훈을 주셨다. 그 교훈은 예수께서 처음부터 보이지 않게 가르친 것들을 분명하게 요약하신 것이었기 때문에 대단히 중요하다. 예수께서 그들에게 그들이 떠난 후에 일을 계속 추진할 촉망되는 사람들에게 더 집중해 일하라고 말씀하신 것을 주목하는 것은 특별히 중요하다. 그들이 어려움을 만날 수 있다는 확신과 함께 주님은 둘씩 짝지어 선교지에 보내셨다.

전도의 과업에 참여하는 것은 주님의 진정한 제자에게 절대적 의무다. 사역의 과제가 우리 손으로 훈련시키는 사람들에게 주어져야 한다. 이러한 과제는 처음에는 실제적인 것이어야 하겠지만, 반드시 우리가 지도하는 사람들을 주님의 구속 사역에 직접 참여할 수 있게 준비시킬 목적으로 부여되어야 한다.

본문 탐구

1. 제자들에게 세계 전도에 종사해야 한다고 말씀하시기 전에 예수님의 방법은 _____과 _____ 이었다.

2. 대략 _____ 동안 제자들은 예수님이 일하시는 것을 보는 것 외에는 거의 아무 일도 하지 않았다.

3. 예수께서 열둘에게 "이방인의 길로도 가지 말고 사마리아인의 고을에도 들어가지 말고 차라리 이스라엘 집의 잃어버린 양에게로 가라"(마 10:5-6)고 말씀하신 이유에 대한 저자의 설명은 무엇인가?
_____
_____

4. 저자는 "아무 성이나 촌에 들어가든지 그 중에 합당한 자를 찾아내어 너희 떠나기까지 거기서 머물라"는 예수님의 지시를 어떻게 해석하는가?
_____
_____

5. 처음 전도 때 열둘의 수고가 어느 정도 효과적이었음을 보여주는 암시로는 어떤 것이 있는가?

_____

_____

6. 본서와 신약성경을 가지고 다음 양쪽을 서로 맞춰 보라.

_____ 누가복음 24:44-47   가. "제자를 삼으라"
_____ 요한복음 20:19-24   나. "도마는 그들 중에 없었다"
_____ 마태복음 28:19   다. 성령의 약속
_____ 사도행전 1:8   라. "내 양을 먹이라"
_____ 요한복음 21:15-17   마. "온 천하에"
_____ 마가복음 16:15   바. "회개가 전파될 것"

그룹 토의와 활동

1. 다음 문단에 관해 토의하라.

"그리스도인 제자들은 보냄을 받은 사람들이다. 주님 자신이 보냄을 받아 자기의 생명을 바치신 바로 그 세계 전도의 일에 보냄을 받은 것이다. 전도란 우리 생활에 있어도 좋고 없어도 좋은 액세서리가 아니다. 그것은 우리가 그렇게 되고 그렇게 하도록 부름을 받은 모든 일의 핵심이다. 그것은 그리스도의 이름으로 수행되는 다른 모든 일에 의미를 부여하는 교회의 사명이다. 이 목적에 초점을 분명히 맞추게 되면 행하고 말하는 모든 것이 하나님의 구속 목적을 영광스럽게 성취하게 된다. 교육기관, 사회 운동 프로그램, 병원 사업, 온갖 교회 모임 등 그리스도의 이름으로 하는 모든 일이 이 사명을 달성하는 데서 정당성을 갖게 된다."

2. 마태복음 10:34-38에 있는 예수님의 말씀을 토의하라.

"내가 세상에 화평을 주러 온 줄로 생각지 말라 화평이 아니요 검을 주러 왔노라 내가 온 것은 사람이 그 아비와, 딸이 그 어미와, 며느리가 시어미와 불화하게 하려 함이니 사람의 원수가 자기 집안 식구리라 아비나 어미를 나보다 더 사랑하는 자는 내게 합당치 아니하고 아들이나 딸을 나보다 더 사랑하는 자도 내게 합당치 아니하고 또 자기 십자가를 지고 나를 좇지 않는 자도 내게 합당치 아니하니라."

이제 97쪽에 있는 콜먼 박사의 설명을 보라.

3. 마태복음 10:5-6을 지금 당신에게 증인으로 훈련받고 있는 사람의 최초의 노력과 관련지어, 이 구절에 대한 저자의 해석이 가지는 의의를 토의하라.

4. 열둘이 겪게 될지도 모르는 어려움에 대한 예수님의 경고를 보라. 그 어려움을 다음 구절들에 비추어 생각해 보라.
    베드로전서 2:21 ; 빌립보서 1:29 ; 디모데후서 3:12.

성취 목표

1. 당신이 함께 일하고 있는 새신자에게 줄 만한 과제들을 열거하라.

2. 개인전도를 놓고 어떤 그리스도인과 함께 일하고 있다면, 불신자와 대화할 때 비교적 단순한 부분을 그가 맡아 하게 하라.

3. 자문(自問)해 보라. "나는 그리스도를 위해 욕먹을 각오를 하고 기꺼이 예수님을 증거하려고 하는가?"

4. 전도를 방해하는 일이 있다면 아래에 표시하라. 솔직하게 있는 그대로 점검하라. 하나님께서 극복할 힘을 계속 주실 것을 믿으라.

　　_____ 우선 순위가 잘못됨
　　_____ 게으름
　　_____ 두려움
　　_____ 전도에 대한 편견
　　_____ 육신의 죄

무엇보다도 당신 자신을 하나님께서 쓰실 수 있게 해드리라.

THE MASTER PLAN OF EVANGELISM

제 7 과

감독

열둘에게 약간의 전도에 관한 책임을 맡기기는 했지만 예수님은 아직 그들을 졸업할 준비가 된 완전한 자들로 보지 않으셨다. 그들이 관여했던 제한된 범위의 구속적인 일까지도 그들은 감독이 필요했다. 따라서 예수님은 그들의 전도 여행 후에, 보고를 듣고 그들이 부딪혔을 어려움과 얻었을 승리에 관한 주님의 지식을 그들과 나누기 위해 자리를 같이하셨다. 사실상 이것은 분리된 사건이 아니다.

제자들과의 지속적인 교제를 통해 예수님은 끊임없이 점검하셨다. 그들과 사역하는 동안 내내 제자들의 경험은, 그들이 성공했든 실패했든 간에 예수님에게는 가르치고 적용시켜 주는 데 사용할 소재였다. 주님은 자신의 감독이 그들을 사역자로 준비시키는 데 하나 더 높은 단계라는 것을 염두에 두고 그들의 행동과 반응에 늘 깨어 있었다. 마침내 그들을 떠나 아버지께로 돌아가실 때, 주님은 사역을 계속 감독하실 성령을 그들에게 약속하셨다.

오늘날 사람들을 전도 사역을 위해 준비시킬 때, 우리는 단순히 사람들에게 방법을 가르쳐 주는 것으로 그 일이 이루어지리라고 생각할 수 없다. 또한 과업의 성공적 완수가 훈련받는 사람의 준비성을 반영한다고 생각할 수도 없다. 제자들이 성숙한 위치에 이르기까지는 아직 밀접한 감독이 꼭 필요하다.

본문 탐구

1. 열두 제자의 보고 모임을 칠십 인의 것과 비교하라.

2. 예수님은 칠십 인의 보고에 어떻게 응대하셨는가?

3. 예수께서 열두 제자의 실패를 이용하여 그들이 알아야 할 진리를 가르치신 경우를 하나 들어라.

4. 저자는 예수님의 교수 계획을 묘사하는 데 세 단어를 사용한다. 그것은 ____, _____, _____ 이다.

그룹 토의와 활동

1. 저자는 이 장에서 "세계 정복"이란 말을 두 번 사용한다. 당신의 의견에는 그것이 무슨 뜻이라고 생각하는가?

2. 다음 문단을 토의하라.

   "우리는 언제, 전도하러 보낸 사람들의 첫열매만 가지고 만족하지 말라는 그리스도의 교훈을 배우게 될 것인가? 제자가 된 사람은 성장해야 한다. 완전한 승리와 바꿀 수 있는 것은 없으며, 우리의 일터는 온 세계다. 우리는 요새만 빼앗는 게 아니라 고지들을 휩쓸어 버리도록 부름을 받았다. 여기에 비추어 볼 때에라야 비로소 우리는 예수님의 전도 전략의 마지막 단계를 이해할 수 있다."

3. 당신이 함께 일해 온 어떤 사람이 거절을 당했다. 몇 가지 경우를 생각할 수 있을 것이다.
   그가 다음 경우를 만났다면 어떻게 격려해 줄 수 있겠는지 토의하라.

   (1) 자기를 소개하기가 바쁘게 문전에서 박대를 당했다.

   (2) 복음을 전하자 어떤 사람이 말했다. "그렇지만 그게 진짜라는 것을 당신이 어떻게 알지요?"

   (3) "저는 신의 존재를 믿지 않아요."

   (4) "기독교인의 경험은 단지 심리학적인 것이 아닙니까?"

4. 다음 질문에 답하라.

   (1) 이번 주에 만난 도움이 필요한 사람은 누구인가?

(2) 그 일에 대해 어떻게 했는가?

(3) 이 주간에 그리스도인의 관심을 나타낼 대상자-가족, 친구, 직장 동료, 외로운 사람 등-세 사람을 생각하라. 그들과 교제를 갖거나 어떤 계획적인 친절한 행동을 베풀려면 시간이 좀 필요할 것이다. 전화로 했든 직접 만났든 편지로 했든 간에 한 일을 기록하라. 일어난 일을 기록하라.

성취 목표

1. 당신의 친구를 전도 사역에 내보낸 후에 계획된 보고회를 가지라.

2. 처음 증인으로 나선 사람이 부딪힐 수 있는 실망스런 어려움들을 나열하고, 그런 일이 있을 때 그를 도울 준비를 갖추라.

THE MASTER PLAN OF EVANGELISM

제8과

재생산

제자들을 위한 예수님의 궁극적 목표는 그의 생명이 그들 안에서 그들을 통해 다른 사람들의 생활로 재생산되는 것이었다. 주님이 지도한 사람들의 집단이 작다는 사실은 별 문제가 안 되었다. 그들이 적절히 훈련받았다면, 그들은 자기들을 닮게 될 생명들을 생산하게 될 것이다.

이와 같은 생명들은 예수께서 온 세상이 그의 말씀을 듣는 장면을 그릴 수 있을 때까지 똑같은 열매를 생산하게 될 것이다. 궁극적 승리는 주님에 대한 그들의 충성스런 증언을 통해 올 것이다. 그들이 재생산하며 그들의 제자들더러 재생산하도록 가르칠 때 주님의 복음은 정복을 이룰 것이다. 재생산은 열두 제자에 대한 주님의 바람이었지만 증식multiplication이 궁극적 목적이었다.

그때처럼 오늘날도 어떤 전도 프로그램의 시금석은 첫 번 전도 때 결단을 내린 사람의 수가 아니다. 진정한 시금석은 이것이다. 전도를 받은 사람들이 다른 사람들에게 전도하고 있는가? 우리의 열매가 다시 열매를 맺고 있는가? 우리는 단지 결신자만 내고 있는가 아니면 다시 다른 지도자를 세울 지도자들을 세우고 있는가?

초대 교회는 사람들을 얻어 재생산하도록 양성하는 계획을 구체화함으로 예수님의 계획의 실행 가능성을 증명했지만, 그 후에는 대량 모집의 계획을 위해 사실상 그 일을 포기했다. 현재 필요한 일은 다른 사람들을 그리스도께 인도하여 그 사람들을 또 다른 사람을 얻어 기를 수 있는 제자로 길러내는 사람에게 중점을 두는 전도로 돌아가는 것이다.

본문 탐구

1. 다음 문제를 읽고 맞으면 O표, 틀리면 X표 하라.

    _____(1) 재생산은 전도의 주된 목적이다.

    _____(2) 교회의 대량 모집은 기독교 운동에 손해를 끼친 것 같다.

    _____(3) 4세기 이후에는 예수님의 전도 원리가 교회에서 한 번도 충분할 만큼 다시 파악되지 못하였다.

    _____(4) 마태복음 28:19-20에서 실제 명령은 제자를 삼으라는 것뿐이다.

2. 마태복음 9:36-38에는 큰 무리를 보시는 예수님의 모습이 그려져 있다. 이에 대한 주님의 반응을 묘사하라. _____
    _____

    그는 제자들에게 무엇을 기도하라고 독려하셨는가? _____
    _____
    _____

3. 하나님의 구속 목적과 관련하여 우리의 삶과 증거에 대한 궁극적 평가는 무엇인가?

   _____

   _____

4. 어떤 전도 사역이건 그 시금석은 _____ 아니고 _____ 에 있다.

5. 교회가 그 성패를 가늠해야 할 기준은_____ 또는 _____하는 것이 아니라 _____하는 것이다.

6. 전도는 _____ 에 의해서가 아니라 _____에 의해 수행된다.

7. 우리에게 필요한 새로운 전도는 더 나은 방법이 아니라 더 나은 _____ _____이다.

그룹 토의와 활동

1. 콜먼 박사는 예수께서 "그의 이름으로 받는 구원의 복음이 모든 피조물에게 설득력 있게 선포될" 날을 내다보신 것에 관해 이야기한다. 우리 세대에서 일어나고 있는 이에 대한 전망을 토의하라.

2. 요한복음 15:1–16을 깊이 공부하라. 열매라는 말이 몇 번 쓰였는지 알아보라. 예수님이 무슨 뜻으로 이 말을 하셨는지 토의하라. 그 다음에 117–118쪽을 보라. 예수께서 열매가 항상 있게 하신다고 말씀하신 16절에 주의하라.

이 말씀은 무슨 뜻인가?

3. 120쪽에 나온 다음 문단을 토의하라.

"우리의 일을 영속시키는 데 정말 중요한 것은 개심자들이 나가서 단순히 더 많은 제자를 얻는 것이 아니라 그들 중에서 얼마나 충실하게 지도자들을 만들어 내느냐 하는 것이다. 지금 우리는 이 세대를 그리스도께 인도하기 원하지만 그것만으로는 충분하지 않다. 우리의 일은 복음으로 구속받은 사람들의 생활에서 그것이 계속되도록 해놓기까지는 결코 끝나지 않는다."

4. 다음 사람들을 얻으려 할 때 당신 같으면 어떻게 하겠는가 토의하라.

(1) 옆집에 모든 교회가 파괴되기를 바라는 사람이 살고 있다. 그는 그리스도인들에게 공공연히 적대감을 나타내며 그리스도인들은 사회에 해가 된다고 믿고 있다. 가끔 그의 미움은 분노로 변한다. 그에게 그리스도를 소개하기 위해 무엇을 할 수 있겠는가? 솔직하게 말해 그는 구원받을 수 있다고 믿는가? 사도행전 8:3, 9:1-6을 읽으라.

(2) 옆집에 극히 종교적인 사람이 살고 있다. 그는 기도를 하고 가난한 사람을 돕고 자기 가족을 종교적인 데로 이끌고 있지만, 아직 그리스도를 개인적으로 알지 못하고 있다. 당신은 그에게 어떤 태도를 취하겠는가? 이 사람을 그리스도께 인도하기 위해 무슨 일을 하겠는가? 그가 그리스도인이 될 수 있다고 믿는가? 사도행전 10장을 읽으라.

성취 목표

1. 당신은 어떤 사람을 증인이 되도록 이끌 목적으로 그 사람과 더불어 일하고

있다. 그가 당신과 함께 갈 때, 그에게 대화에 점점 더 많이 가담하도록 하여 마침내 시종일관 대화를 이끌되 어떤 사람에게 그리스도를 영접하도록 요청하는 지점까지 나아가도록 하라. 만약 함께 일해 온 사람이 이 지점에 이르지 못했으면 그렇게 될 때까지 그를 떠나지 말라.

내가 함께 일하고 있는 사람은?

_____ 예비적인 대화로 시작해 그리스도를 화제에 끌어들일 수 있다.

_____ 복음을 체계적으로 전할 수 있지만 결신을 요청할 준비는 안 되어 있다.

_____ 복음을 전하여 결단에 이르게 할 수 있다.

2. 당신의 목표는 단순히 함께 일해 온 사람으로 하여금 다른 사람을 그리스도께 인도할 수 있도록 돕는 것만이 아니고, 그가 그리스도께 인도한 사람을 성숙한 위치로 이끌 수 있도록 만드는 것이다. 그 사람이 이 지점에서 그것을 이해할 수 있도록 하라.

THE MASTER PLAN OF EVANGELISM

결론

1단계 _ 주님과 당신의 계획

예수님이 승천하신 지 얼마되지 않아 가브리엘 천사를 우연히 만났다는, 누군가에 의해 상상된 흔히 하는 한 애기가 있다. 가브리엘은 주님께서 지상에서 하신 일에 무척 관심이 많았다. 예수님은 지상에 계실 때, 사람들을 죄에서 구원하기 위해 십자가에서 죽었으며 하나님의 능력으로 다시 살아났다고 하셨다. 주님은 이제 그들을 위해 중간 역할을 하러 하나님 우편 자리에 앉기 위해 하늘로 돌아왔으며 어디에 있는 누구든지 그가 그들을 위해 한 일을 듣게 되는 것이 그의 바람이라고 하시면서 말씀을 끝맺었다.

가브리엘은 "그 일이 이루어지도록 하기 위한 계획은 무엇입니까?"라고 여쭈었다. 주님은 "나는 그 소식을 열두어 사람 손에 맡겼다. 그들이 그것을 방방곡곡에 전파할 것을 믿고 있다."고 대답하셨다. 놀란 가브리엘은 "열두 사람이라고요? 그들이 실패하면 어떻게 되죠?"라고 소리쳤다. 예수님은 "다른 계획은 없다."고 말씀하셨다고 전해진다.

이 애기의 상상적 측면과는 상관없이 그 주된 요점은 진실되다. 예수님은 복음화의 과업을 소수의 손에 맡기셨다. 그러나 그들은 다른 사람들을 효과적인 증인이 되도록 어찌나 철저하게 훈련했든지 오래지 않아 다수의 훈련받은 제자들이 예수님에 관한 진리를 예루살렘과 유대, 사마리아, 갈릴리, 끝내는 땅의 끝까지 전했던 것이다.

다른 사람들을 전도하고 훈련하여 다시 전도하고 훈련할 수 있는 사람으로 기르는 훈련된 제자들을 중심으로 한 주님의 계획은 전혀 바뀌지 않았다.

본문 탐구

1. 어떤 사람과 함께 일할 때, 그 사람과 제자 훈련을 할 기회가 있다면 아래에 열거하라. _____
_____

2. 어떤 사람이나 작은 그룹과 함께 일할 때, 당신이 관여할지도 모르는 활동들이 있으면 적어 보라. _____
_____

3. 제자가 되도록 당신이 돕고 있는 사람에게 줄 만한 과제를 몇 가지 적어 보라.

   (1) 초기 또는 최초의 과제 _____
   (2) 그 사람이 주 안에서 성숙해 감에 따라 줄 과제 _____

4. 어느 시기에 당신의 전략을 당신이 함께 일해 온 사람에게 설명하겠는가?
_____

그룹 토의와 활동

1. 보고회를 가지라.

   토의 내용 : 나는 금주에 도움이 필요한 누군가를 만났는가? 나는 금주에 누군가를 돕기 위해 무엇을 했는가? 반응은 어떠했는가?

2. 토의하라.

   "그리스도를 위한 정복이 무엇을 의미하는지 아는 한두 사람에게 한해를 바치는 것이 프로그램만 유지해 주는 회중과 평생을 보내는 것보다 더 낫다."
   조원들에게 이 말에 동의하는지 반대하는지 물어보라. 이 진술에 담긴 뜻은 무엇인가?
   "그리스도를 위해 정복한다"는 어구 속에 내포된 뜻은 무엇인가?

3. 136쪽에서 콜먼 박사는 제자의 기준을 너무 높게 생각한 나머지 중도에서 포기하는 사람들에 대해 이야기한다. 신약성경에서 몇 가지 예를 생각해 보라.

   사도행전 1:25 ; 디모데전서 4:10 ; 디모데후서 1:15 ; 디모데후서 1:19-20을 보라.

   당신이 함께 일하고 있는 사람이 가르치기가 힘들고 대가를 지불할 준비가 되어 있지 않으며 중도에서 포기해 버린다면 어떻게 대처하겠는가?

4. 그룹이 모여 함께 기도할 때 하나하나의 이름을 들어 기도하라.

개인적 성취

1. 당신이 그리스도인이 된 데 대한 개인적 간증을 200자 원고지 4-5매 정도로 써 보라.

   그것은 다음과 같은 대요를 가져야 한다.
   첫째, 그리스도가 없는 삶은 어떠했는지.
   둘째, 어떻게 그리스도인이 되었는지.
   셋째, 그리스도를 모신 후 삶이 어떻게 변했는지.
   그리스도인이 아닌 대부분의 사람들에게는 이해되지 않는 무거운 신학 용어나 상투어구를 피하라.
   그리스도께서 지금 당신에게 무슨 의미가 있으며 당신을 위해 무슨 일을 하고 계시는가를 주로 이야기하라.
   이것들을 기억해 두라.

2. 당신은 주일학교 교사다. 당신의 반원들은 신자들로서 어느 정도 정기적으로 출석한다. 당신은 수업을 충실히 준비하고 결석자를 방문하며 간간이 반을 위해 파티나 외출을 계획한다. 지금까지는 반원들의 생활에 특별한 일은 아무것도 일어나지 않았다. 주님의 전도 계획을 어떻게 밀고 나갈 계획인가? 제목들을 다시 보라. 그 제목들의 순서에 기초해 밀고 나가라.

3. 당신은 교회의 버스 사역에 참여하고 있다. 당신의 버스를 타는 어린이가 믿음을 고백한다. 어떻게 양육해 가겠는가?

4. 앞의 아홉 개의 과정에서 당신이 배운 주된 교훈들은 무엇인가? 그것들은 어떻게 실천에 옮기기 시작했는가? 앞으로 무슨 계획을 가지고 있는가?

THE MASTER PLAN OF EVANGELISM

결론

2단계 _주님과 당신의 계획

　최근에 나는 영적 증식의 중요성을 매우 힘있게 증명해 보이는 시범 장면을 하나 보았다. 사람들이 가득 찬 강당 앞에 두 사람을 나오라고 해서 서게 했다. 두 사람은 개인 전도를 통해 사람들을 그리스도께 인도하는 목사의 모습을 보여주었다. 그중 한 사람은(아마 더 적극적으로 전도하는 사람) 개인적으로 많은 사람을 그리스도께 인도하지만 전도하는 데 너무 바빠 전도 훈련시키는 데는 시간을 들이지 않는 목사를 나타냈다. 다른 사람은(아마 개인 전도에서는 덜 활발한 사람) 자기가 전도한 사람들을 전도하는 사람으로 훈련하는 데 시간을 들이는 목사였다. 그는 한걸음 더 나아가 그들로 하여금 자기들이 전도한 사람을 훈련하도록 훈련시킨다.

　그 시범은 두 사람이 각각 회중 속에 들어가 그들이 그리스도께 인도한 사람을 나타내는 다른 사람을 강당 앞으로 데려오는 것으로 시작되었다. 첫 번째 목사는 한 사람씩 데려오는 일을 반복해 열 번 오간 후에 자기가 전도한 사람을 나타내는 다른 사람 열을 청중 앞에 데려다 놓았다.

　자기가 전도한 사람들을 훈련하는 두 번째 목사는 자기가 전도해 훈련한 첫 번째 사람을 회중 속에 함께 데리고 가서 각각 한 사람씩 데리고 나왔다. 이렇게 해서 넷이 되었다. 그리스도께 인도되어 훈련받은 네 사람은 다시 나가 각각 한 사람씩 데려와 모두 여덟이 되었다. 이 목사와 그가 훈련한 사람들은 회중 속에 다섯 차례만 오갔다. 그러나 첫 번째 목사와 함께 서 있는 열 사람과는 대조적으로 다섯 차례만 오갔는데도 서른두 명이 함께 서 있었다. 만약 이 목사와 그가 훈련한 사람들이 열 번 오갔다면 1,024명의 사람들이 그와 함께 서 있었을 것이다.

그 차이는 더하기와 곱하기의 차이다. 한 영혼을 전도하는 것보다 한 영혼을 전도자로 훈련하는 것이 더 중요하다. 우리가 이 상실된 세상에 주께서 바라시는 영향력을 끼치려고 한다면 교회는 승법 증식 multiplication 의 원리로 되돌아가야 한다.

본문 탐구

1. 성숙으로 이어지는 영적 성장에는 많은 개념이 포함되어 있다. 그 중 몇 가지가 다음 구절들에서 발견된다. 이 구절들을 읽고 각각 성장의 어떤 측면을 말하는지 이야기해 보라.

   요한일서 5:13 _____
   에베소서 4:14 _____
   에베소서 4:13 _____
   마태복음 4:19 _____
   마태복음 28:19 _____

2. 이것은 셈을 좋아하는 사람들을 위한 문제다. 당신이 세상에 하나밖에 없는 그리스도인이라고 하자. 앞으로 여섯 달 안에 한 사람을 전도해 그를 다른

사람을 전도한 후 훈련할 수 있는 사람으로 훈련한다. 여섯 달 후에는 전도와 훈련을 할 수 있는 그리스도인이 두 명이 된다. 두 사람이 각각 그 다음 여섯 달 안에 한 사람씩 전도하여 훈련함으로 네 명이 된다. 네 사람이 각각 그 다음 여섯 달 동안 한 사람씩 전도하여 훈련함으로 여덟 명이 된다. 이렇게 하면 16년 동안 몇 사람을 그리스도께 인도할 수 있는가?

답: _____

그룹 토의와 활동

1. 지난해에 믿음을 고백하고 당신의 교회에 들어온 사람 수를 계산하라. 또 전체 교인 수를 확실하게 계산하라. 새신자를 전체 교인수로 나누라. 그 몫(해답을 나타내는 숫자)은 지난해에 당신의 교회에서 한 사람을 그리스도께 인도하여 믿게 하는 데 교인 몇 명이 필요했는지 알려 준다.

2. 이번에는, 다음 해에 모든 교인이 한 사람씩 인도한다면 얼마나 많은 사람을 얻을 수 있겠는가 계산하라. 연말에는 교인 수가 대략 얼마나 되겠는가? 이 사람들이 각각 다음 한해 동안 한 사람씩 전도한다면 몇 명이 되겠는가?

3. 그룹 모임에 낡은 신문 몇 장을 가지고 가도록 하라. 일 분 동안, 지금은 하나님과 무관하지만 앞으로 하나님과 바른 관계 맺는 것을 보고 싶은 사람에 대해 생각하라. 그에게 기본적으로 필요한 것이 무엇인지 생각을 모으라. 그 사람이 불안해 하는 것, 안고 있는 고민, 갈등은 어떤 것인가? 그의 입장에서 생각해 보라. 몇 분 동안 신문에서 그 친구를 생각나게 해주는 제목이나 광고, 사진 등 모든 것을 찾아 잘라내도록 하라. 나머지 부분은 치우고 당신이 잘라 낸 자료들을 사용하여 조원들에게 당신의 친구에 대해 2분 동안 설명하라.

개인적 성취

1. 에베소서 4:11-12을 읽으라. 바울은 전도란 그리스도의 교회에 속한 모든 회원의 생활 속에 일부가 되어야 한다는 점을 분명히 했다. 전도 사역에 참여하도록 부름받은 것에 대한 솔직한 소감을 아래에 적어라.

   _____

   당신의 소감이 긍정적이든 부정적이든 왜 그렇게 느꼈는지 설명해 보라.

   _____

2. 다른 사람들을 믿음에 굳게 세우기 위해 그들과 함께 일하는 것이 어려운 이유를 열거하라.

   어떻게 하면 이런 어려움들을 가장 잘 극복할 수 있겠는가? _____

   _____

3. 당신이 사람들을 그리스도께 인도하려고 했는데 그들이 주님을 영접하라는 당신의 요청을 거절했다면, 그들이 내세운 이유는 무엇이었는가? 강점과 약점을 들어 당신의 전도를 분석하라.

   _____
   _____
   _____
   _____

# THE MASTER PLAN OF EVANGELISM

결론

3단계 _주님과 당신의 계획

최근에 나는 미국에서 가장 빨리 성장하고 있는 교회 하나를 방문했다. 이 교회에 머무는 동안 전도 활동과 영적 깊이가 결합된 모습을 보고 그 어느 때보다도 깊은 감명을 받았다. 이 교회에서 전도 프로그램이 발전한 과정은 재미있었다. 시간 순으로 말하면, 그것은 목사님이 회중에게 각 사람은 전도를 해야 한다고 설교할 때부터 시작되었다. 그러나 그렇게 해서 전도하는 사람이 생기지는 않았다. 그러자 목사님은 공부반을 개설하였다. 결과는 마찬가지였다.

그 후 목사님은 자기가 예수님을 증거할 때 한 사람을 데리고 다니기 시작했다. 이 사람은 몇 주 동안 목사님이 사람들을 그리스도께 인도하는 광경을 지켜보았다. 이윽고 그 사람은 깨닫게 되어 스스로 전도하기 시작했다. 그는 다른 한 사람을 데리고 다니기 시작했고 목사님은 또 다른 사람을 데리고 다니게 되어, 드디어 넷이 되었다. 사람들이 인도된 후에 그들 역시 다른 사람을 전도하도록 훈련받았다. 넷이 여덟, 여덟이 열여섯이 되었다. 이제 그 교회에는 자기의 믿음을 조리 있게 전할 수 있는 사람이 대략 오백 명쯤 된다. 그 교회 교인들이 지난해에 천 명이 넘는 사람들을 그리스도께 인도한 것은 조금도 놀랄 일이 아니다.

그들은 승법 증식의 비결을 배운 것이다. 그들은 주님의 전도 계획을 따르고 있는 것이다.

본문 탐구

1. 신약성경에는 믿는 자들을 양육할 방법이 많이 나와 있다. 아래에 성경 구절 넷이 있다. 그 구절에 암시된 양육 방법을 각각 적어 보라.

   (1) 사도행전 15:36 _____

   (2) 빌립보서 1:9 _____

   (3) 데살로니가전서 3:1–2 _____

   (4) 갈라디아서 6:11 _____

2. 양육 사역에서 기도만큼 중요한 것은 없다. 에베소서에 있는 신자들을 위한 바울의 기도 두 편의 내용을 살펴보라. 바울이 그들을 위해 간구한 것들을 열거하라.

   (1) 에베소서 1:15–20 _____
   _____
   _____

   (2) 에베소서 3:14–19 _____
   _____
   _____
   _____

그룹 토의와 활동

1. 토의하라.

   우리 교회의 조직 체계에는 주님의 전도 계획의 원리들을 반영하는 데 도움이 될 어떤 장기 목표가 있는가? 올해에는 어떤 단기 목표를 세워야 하는가?

2. 브레인스토밍(brianstorming)이란 그룹 회원들이 생각할 수 있는 모든 가능한 해결책들을 순서대로 빠르게 제시하는 문제 해결 방법이다. 비판은 못하게 되어 있다. 제안 내용에 대한 평가는 나중에 한다.

   "새롭고 대담한 접근 방법이 갖는 다양성과 풍부성"이라는 제목을 가지고 브레인스토밍해 보라.

3. 주님의 전도 계획의 마지막 장 "결론"에서 작은 제목 가운데 "방법은 다양하다"가 있었다. 개인이나 작은 집단이 사용할 수 있는 다양한 방법에 관해 토의하라.

4. 당신이 회복기 환자 요양소나 교도소, 소년원 등에 대한 전도 사역에 참여하고 있다면, 결신한 그들을 양육할 방법들에 관해 토의하라.

개인적 성취

1. 당신이 한 사람과 일해 왔다면, 그가 자기 믿음을 나눌 만한 사람들을 그에게 추천하라.

   추천할 사람은? _____

2. 다음은 "경건의 시간을 갖는 방법"에 관한 몇 가지 제안이다. 이것을 당신이 함께 일해 온 사람들에게 전해 주라.

   (1) 일정한 시간을 정한다. 자기에게 가장 알맞은 시간을 택한다.

   (2) 일정한 장소를 정한다. 소음이나 방해를 받지 않을 장소가 가장 좋다. 하나님하고만 있도록 하라.

   (3) 일정한 계획을 염두에 두라.
   먼저 기도할 제목을 쭉 적어 보라.
   그런 다음 일정한 시간 동안 성경을 공부하라.

3. 틀림없이 지금쯤 당신은 사람들을 얻어서 성숙시키려고 노력하는 가운데 적으로부터 저항을 받았을 것이다. 당신이 함께 일하고 있는 사람들 역시 그런 경험을 한다. 사탄이 "네가 다른 사람을 지도하려고 하다니 말이나 돼? 너는 그런 일을 할 자격이 없어. 너 자신의 구원도 확신하지 못하는 주제에 말야!"라고 당신과 그들을 현혹할 것이다.

   하나님의 말씀을 사용하여 그런 공격에 대처하는 법을 배우라. 요한일서 5:11-13로 이러한 맹공을 막아내라.
   그 다음엔 사탄이 이렇게 속삭일지 모른다. "그래, 네가 그리스도인인지는 몰라도, 그리스도인이 된 후 실패했던 일들을 돌아봐."
   이 유혹에는 요한일서 1:9로 대응하라.
   그러면 그는 비록 당신이 그리스도인이지만 너무 연약해 유혹을 이기지 못한다고 말할 것이다. 그럴 때는 고린도전서 10:13을 기억하라.

THE MASTER PLAN OF EVANGELISM

결론

4단계 _ 주님과 당신의 계획

세계 인구는 믿을 수 없는 속도로 불어나고 있다. 시계 바늘이 1초 움직일 때마다 세계 인구는 2명씩 불어난다. 이것은 내일이 되면 오늘보다 거의 200,000명이 더 많아진다는 뜻이다. 이런 추세가 계속되면 한 세대 안에 세계 인구는 70억을 넘게 될 것이다.

인구는 로켓의 속도로 증가하는데 사람들이 복음을 전해 받는 비율은 사실상 우마차의 속도에 머물러 있다. 세계에서 복음주의적 그리스도인의 비율은 최근 몇 십년 동안 점점 줄어들고 있다. 어느 유명한 전도자는 "우리는 그리스도를 위한 세상을 얻지 못하고 있다. 우리는 세상을 잃고 있다."라고 말했다. 이러한 흐름을 저지할 수 있는 희망은 하나밖에 없다. 그것은 교회가 주님의 전도 계획으로 되돌아가는 것이다.

하나님께서 당신에게 위탁하신 한 번뿐인 생을 위한 계획은 무엇인가? 당신은 그것을 사람들과 함께 일하는 데 우선을 두는 사역에 투자하고 있는가? 당신은 자신이 증가시킨 당신의 사람이나 그룹을 가지고 있는가? 세계 복음화에는 지름길이란 없다. 우리는 비록 당분간은 인상적인 통계 보고서를 내놓지 못하더라도 주님의 계획을 따라야 한다. 장래를 내다보고 주님의 이름이 모든 사람에게 선포되는 환상을 바라보면서, 주님의 일을 그의 방법대로 하시도록 예수님께 새롭게 헌신하라.

본문 탐구

1. 신약성경에서는 새신자 또는 어린 신자를 _____ 라는 말로 묘사한다.

2. 위 단어는 양육의 필요성과 관련해 무엇을 암시하는가? 다음 구절들을 찾아 읽고 새신자 또는 어린 신자에게 필요한 것들을 말해 보라.

    (1) 에베소서 4:14 _____

    (2) 데살로니가전서 2:7, 11 _____

    (3) 베드로전서 2:2 _____

3. 바울은 제2차 전도 여행 때 데살로니가 시에서 약 다섯 달(성경에는 "세 안식일"이 언급되어 있음–역자 주)을 보냈다. 데살로니가전서 1장을 근거로 이 교회에 대해 묘사해 보라.

    _____
    _____

    어떻게 해서 그렇게 짧은 사역으로부터 이런 교회가 나올 수 있었는가?

    _____
    _____
    _____

4. 우리는 지금까지 신자들을 영적 성숙으로 이끌기 위해 작업해 왔다. 다음은 성숙한 신자의 표지를 제시하는 구절들이다. 적어 보라.

   (1) 고린도후서 5:7 _____

   (2) 데살로니가전서 5:18 _____

   (3) 고린도후서 9:7 _____

   (4) 요한일서 3:16-17 _____

   (5) 에베소서 6:18 _____

   (6) 히브리서 5:14 _____

그룹 토의와 활동

1. 당신의 교회에는 주님의 전도 계획의 원리들을 이행할 수 있는 어떤 그룹들이 이미 존재하는가? 칠판에 적어 보라.

2. 본서 125-137쪽을 펴 놓고 다른 사람들을 제자로 키우려 할 때 반드시 사용해야 할 것으로 생각되는 점들을 각자 요약해 적으라. 발견한 것들에 대해 토의하라.

3. 전도할 때 겪었던 어려움과 그것을 어떻게 줄일 수 있는지 자유롭게 토의하라. 서로를 위해 기도함으로 마치라.

개인적 성취

1. 당신이 최근에 어떤 사람을 그리스도께 인도하는 특권을 누렸다면, 앞으로

그 사람을 영적으로 성숙하도록 도와줄 계획을 좀더 자세하게 아래에 적어
보라.

_____

_____

2. 당신 자신의 생애를 위한 장기적인 전도 전략 계획을 간단히 설명하라.

_____

_____

본문 탐구에 대한 해답
(페이지는 주님의 전도 계획의 페이지다)

서론
3. 원리
4. 복음서 기록
5. (1) X (2) X (3) X

제 1 과
1. (1) 유다 (2) 500 (3) 요한
2. (1) 27쪽 (2) 27쪽 (3) 29쪽 (4) 31쪽
3. (1) X (2) X (3) O

제 2 과
2. (1) 45쪽 (2) 46쪽 (3) 52-54쪽
3. (1) 더 많은 (2) 1/2 (3) 제자들

제 3 과
2. (2) 58쪽 3. 요한복음 14:21 4. 67쪽 6. 나, 라, 가, 마, 다

제 4 과
1. 70쪽/ 2. 73쪽/ 3. 73-74쪽/ 4. 76쪽/ 5. 72쪽/ 6. 70-71쪽

제 5 과
1. 82-86쪽/ 2. 83쪽/ 3. 84-85쪽

제 6 과

1. 91쪽/ 2. 92쪽/ 3. 94쪽/ 4. 95쪽/ 5. 99쪽/ 6. 바, 나, 가, 다, 라, 마

제 7 과

1. 104-105쪽/ 2. 105쪽/ 3. 106쪽/ 4. 110쪽

제 8 과

1. (1)X (2)O (3)O (4)O/ 3. 120쪽/ 4. 120쪽/ 5. 120-121쪽/ 6. 123쪽/ 7. 124쪽

결론_1단계

1. 128쪽/ 2. 129쪽/ 3. (1)131-133쪽 (2) 132-133쪽/ 4. 135쪽

결론_2단계

1. 확신/ 교리적 안정/ 그리스도를 닮음/ 다른 사람 전도/ 다른 사람 양육
2. 4,294,967,296

결론_3단계

1. (1) 개인적 접촉
   (2) 기도
   (3) 다른 사람을 보냄
   (4) 편지

결론_4단계

1. 젖먹이

2. (1) 그릇된 가르침에서 보호
   (2) 사랑스런 보살핌과 관심
   (3) 양식, 즉 말씀의 젖

4. (1) 믿음으로 산다
   (2) 범사에 감사한다
   (3) 즐겨 바친다
   (4) 남을 동정한다
   (5) 항상 기도한다
   (6) 분별력

참고 문헌

Allen, Roland. *Missionary Methods : St. Paul's or ours?* Grand Rapids, Mich. : Wm. B. Eerdmans Publishing Co., 1962.

_____. *Missionary Principles.* Grand Rapids, Mich. : Wm. B. Eerdmans Publishing Co., 1964.

_____. *Spontaneous Expansion of the Church.* Grand Rapids, Mich. : Wm. B. Eerdmans Publishing Co., 1962.

Archibald, A. C. *Establishing the Convert.* Philadelphia, Pa. : Judson Press, 1952.

Augsburger, Myron S. *Invitation to Discipleship.* Scottdale, Pa. : Herald Press, 1964.

Bayly, Joseph. *The Gospel Blimp and Other Stories.* Grand Rapids, Mich. : Zondervan Publishing House.

Belew, M. Wendell, *Churches and How They Grow.* Nashville, Tenn. : Broadman Press, 1971.

Bender, Urie A. *The Witness.* Scottdale, Pa. : Herald Press, 1965.

Boer, Harry R. *Pentecost and Missions.* Grand Rapids, Mich. : Wm. B. Eerdmans Publishing Co.

Brooks, Hal. *Follow-up Evangelism,* Nashville, Tenn. : Broadman Press, 1972.

Brown, Stanley C. *Evangelism in the Early Church.* Grand Rapids, Mich. :

Wm. B. Eerdmans Publishing Co., 1963.

Bruce, Alexander B. *The Training of the Twelve*. Grand Rapids, Mich. : Kregel Publications, 1979.

Call To joy. Fort Worth, Tex. : International Evangelism Association, 1985.

Chafin, Kenneth L. *Help! I'm a Layman*. Waco, Tex. : Word Books, 1966.

Cho, Paul Yonggi, and Harold Hostetler. *Successful Home Cell Groups*. Plainfield, N. J. : Bridge Publishing Co., 1981.

Coggin, James E., and Bernard M. Spooner. *You Can Reach People Now*. Nashville, Tenn. : Broadman Press, 1971.

Coleman, Lyman. Acts Alive, *The Coffee House Itch, Dialogue, Groups in Action, Growth by Groups, Kaleidoscope, Man Alive*. Newton, Pa. : Halfway House.

Coleman, Robert E. *The Heartbeat of Evangelism*. Colorado Springs, Colo. : NavPress, 1985.

_____. *The Master Plan of Evangelism*. Old Tappan, N. J. : Fleming H. Revell Co., 1964.

Cosgrove, Francis M. *Essentials of Discipleship*. Colorado Springs, Colo. : NavPress, 1980.

_____. *Essentials of New Life*. Colorado Springs, Colo. : NavPress, 1978.

Cotteril, J. Hills and M. Heines. *Know How to Lead Bible Study and Discussion Groups*. London : Scripture Union.

Dawson, Dave. *Equipping the Saints*. Equipping the Saints, 1984.

Derham, A. Morgan. *A Christian's Guide to Bible Study*. London : Hodder and Stoughton. Ltd.

Discipleship Coordination Handbook. Fort Worth, Tex. : International Evangelism Association, 1983.

Douglas, M. R. *How to Build an Evangelistic Church.* Grand Rapids, Mich. : Zondervan Publishing House.

Eims, Leroy. *Be the Leader You Were Meant to Be.* Wheaton, Ill. : Victor Books, 1975.

_____. *Disciples in Action.* Wheaton, Ill. : Victor Books, 1981.

_____. *Laboring in the Harvest.* Colorado Springs, Colo. : NavPress, 1985.

_____. *The Lost Art of Disciple Making.* Colorado Springs, Colo. : NavPress, 1978.

_____. *What Every Christian Should Know About Growing.* Wheaton, Ill. : Victor Books, 1976.

Fish, Roy J., and J. H. Conant. *Every Member Evangelism for Today.* New York : Harper and Row, Publishers, 1976.

Fleischmann, Paul, ed. *Discipling the Young Person.* San Bernardino, Calif. : Here's Life Publishers, Inc., 1985.

Ford, Leighton. *The Christian Persuader.* New York : Harper and Row, Publishers, 1966.

Foster, Robert D. *The Navigator.* Colorado Springs Colo. : NavPress, 1983.

Greenhough, J. G. *The Apostles of Our Lord.* London : Hodder and Stoughton, Ltd., 1904.

Hadidian, Allen. *Successful Discipling.* Chicago, Ill. : Moody Press, 1979.

Hanks, Billie. *If You Love Me.* Waco, Tex. : Word Books, 1985.

_____. *My Spiritual Notebook*. Waco, Tex. : Word Books, 1977.

Hanks Billie, Jr., and William A. Shell. *Discipleship : The Best Writings of the Most Experienced Disciple Makers*. Grand Rapids, Mich. : Zondervan Publishing House, 1981.

_____. *Everyday Evangelism*. Grand Rapids, Mich. : Zondervan Publishing House, 1981.

Hanks Billie, Jr., and Beacham. *Spiritual Journal*. Waco. Tex. : Word Books, 1981.

Hartman, Doug, and Doug Sutherland. *A Guidebook to Discipleship*. Irvine, Calif. : Harvest House, 1976.

Hendrix, John, and Lloyd Householder, eds. *The Equipping of Disciples*. Nashville, Tenn. : Broadman Press, 1977.

Henrichsen, Walter A. *Disciples Are Made—Not Born*. Wheaton Ill. : Victor Books, 1981.

_____. *How to Disciple Your Children*. Wheaton Ill. : Victor Books, 1981.

Henry, Carl F. H., and W. Stanley Mooneyham, eds. *One Race, One Gospel, One Task*. Vol. 1 and Vol. 2. Minneapolis, Minn. : World Wide Publications, 1962.

Hull, Bill. *Jesus Christ Disciplemaker*. Colorado Springs, Colo. : NavPress, 1984.

Kennedy, D. James. *Evangelism Explosion*. Wheaton, Ill. : Tyndale House Publishers, 1970.

Kraemer, Hendrik. *A Theology of the Laity*. London : Lutterworth Press.

Kuhne, Gary W. *The Dynamics of Discipleship Training*. Grand Rapids, Mich. : Zondervan Publishing House, 1977.

____. *The Dynamics of Personal Follow-up*. Grand Rapids, Mich. : Zondervan Publishing House, 1976.

Kunz, Marilyn, and Catherine Schell. *How to Start a Neighborhood Bible Study*. Wheaton, Ill. : Tyndale House Publishers, 1970.

Larson, Bruce. *Living in the Growing Edge*. Grand Rapids, Mich. : Zondervan Publishing House, 1968.

____. *Setting Men Free*. Grand Rapids, Mich. : Zondervan Publishing House, 1967.

Latham, Henry. *Pastor Pastorum*, Cambridge : Deighton Bell & Co., 1910.

Little, Paul E. *How to Give Away Your Faith*. Downers Grove, Ill, : Inter Varsity Press, 1966.

MacDonald, William. *True Discipleship*. Fort Dodge, Iowa : Walterick Publishers, 1962.

MacKay, W. MacKintosh. *The Men Whom Jesus Made*. New York : George Doran Company, 1924.

Miller, Paul. *Group Dynamics in Evangelism*. Scottdale, Pa. : Herald Press, 1958.

Moore, Wayland B. *New Testament Follow-Up*. Grand Rapids, Mich. : Wm. B. Eerdmans Publishing Co., 1963.

Moore, Waylon B. *Multiplying Disciples*. Colorado Springs, Colo. : Mission Unlimited, 1981.

Nyquist, James F., and Jack Kuhatschek. *Leading Bible Discussions*. Downers Grove, Ill. : Inter Varsity Press, 1985.

Ortiz, Juan Carlos. *Call to Discipleship*. Plainfield, N. J. : Logos, 1975.

____. *The Disciple*. Wheaton, Ill. : Creation House, 1975.

Paul/Timothy Follow-Up Packet. Fort Worth, Tex. : International Evangelism Association, 1986.

Peace, Richard. *Witness.* Grand Rapids, Mich. : Zondervan Publishing House, 1971.

Pentecost, J. Dwight. *Design for Discipleship.* Grand Rapids, Mich. : Zondervan Publishing House, 1977.

Petersen, Jim. *Evangelism as s Lifestyle.* Colorado Springs, Colo. : NavPress, 1980.

Powell, Paul W. *Dynamic Discipleship.* Nashville, Tenn. : Broadman Press, 1984.

Powell, S. W. *Where Are the Converts?* Nashville, Tenn. : Broadman Press, 1958.

Price, J. M. *Jesus the Teacher.* Nashville, Tenn. : Convention Press, 1946.

Rinker, Rosalind. *Communicating Love Through Prayer.* Grand Rapids, Mich. : Zondervan Publishing House, 1966.

_____. *Prayer : Conversing With God.* Grand Rapids, Mich. : Zondervan Publishing House, n. d.

_____. *Praying Together.* Grand Rapids, Mich. : Zondervan Publishing House, 1968.

_____. *You Can Witness With Confidence.* Grand Rapids, Mich. : Zondervan Publishing House, 1984.

Sanny, Lorne. *The Art of Personal Witnessing.* Chicago, Ill. : Moody Press, 1957.

_____. *Marks of a Disciple.* Colorado Springs, Colo. : NavPress, 1975.

Seamands, John. T. *On Tiptoe with Joy!* Kansas City, Mo. : Beacon Hill

Press, 1967.

Shoemaker, Samuel Moore, ed. *Groups That Work*. Grand Rapids, Mich. : Zondervan Publishing House, n. d.

Skinner, Betty Lee. *Daws*. Grand Rapids, Mich. : Zondervan Publishing House, 1974.

Smith, Asbury. *The Twelve christ Chose*. New York : Harper and Row, Publishers, 1958.

Smith, Hannah Whitall. *The Christian's Secret of a Happy Life*. WestWood, N. J. : Fleming H. Revell Company, 1966.

Smith, J. Edgar. *Friendship Evangelism*. Anderson, Ind. : Warner Press, Inc.

Stott, John R. *Basic Christianity*. Grand Rapids, Mich. : Wm. B. Eerdmans Publishing Co., 1957.

____. *Our Guilty Silence*. Grand Rapids, Mich. : Wm. B. Eerdmans Publishing Co., 1969.

Taylor, Jack R. *The Key to Triumphant Living*. Nashville, Tenn. : Broadman Press, 1978.

Thomas, Ian. *The Saving Life of Christ*. Grand Rapids, Mich. : Zondervan Publishing House, 1961.

Thomson, W. Oscar, Jr., and Carolyn Thompson. *Concentric Circles of Concern*. Nashville, Tenn. : Broadman Press, 1981.

Toyotome, Masumi. *The Manual of the Nameless Movement*. Manila, Philippines : Christian Literature Crusade, 1968.

Trotman, Dawson E. *Born to Reproduce*. Colorado Springs, Colo. : The Navigators, 1955.

____. *Born to Reproduce*(booklet). Colorado Springs, Colo. : NavPress, 1975.

Trueblood, Elton. *The Company of the Committed*. New York : Harper and Row, Publishers, 1980.

_____. *The Incendiary Fellowship*. New York : Harper and Row, Publishers, 1961.

Warr, Gene. *The Godly Man*. Creative Resources, 1976.

_____. *You Can Make Disciples*. Waco, Tex. : Word, Books, 1978.

Warr, Irma. *The Godly Woman*. Creative Resources, 1976.

Warren, Richard. *Twelve Dynamic Bible Study Methods*. Wheaton, Ill. : Victor, 1981.

Webster, Douglas. *What Is Evangelism?* London : The Highway Press, n. d.

Wilson, Carl. *With Christ in the School of Disciple Building*. Grand Rapids, Mich. : Zondervan Publishing House, 1976.

Wood, Barry, *Questions New Christians Ask*. Old Tappan, N. J. : Fleming H. Revell, 1979.